KB076800

21세기 평화 교과서

평화채널
50

평화채널
50

2017년 7월 3일 제1쇄 발행

지은이   조재도
펴낸이   강봉구

펴낸곳   작은숲출판사
등록번호 제406-2013-0000801호
주소   413-170 경기도 파주시 신촌로 21-30(신촌동)
전화   070-4067-8560
팩스   0505-499-8560
홈페이지 http://www.작은숲.net
페이스북 http://www.facebook.com/littlef2010
이메일   littlef2010@daum.net

ⓒ조재도

ISBN 979-11-6035-014-2   43300
값은 뒤표지에 있습니다.

※이 책은 저작권법에 따라 보호받는 저작물이므로 무단 전재와 무단 복제를 금합니다.
※이 책의 전부 또는 일부를 이용하려면 반드시 저작권자와 '작은숲출판사'의 동의를 받아야 합니다.

21세기 평화 교과서

평화채널 50

평화에 대한 50가지 이야기

P

조재도 지음

작은숲

제2장 삶과 평화

제3장 평화관점 세우기

제4장 평화를 방해하는 요소

제5장 평화를 실현하기 위하여

제6장 여성 평화운동가들

제7장 일상생활과 평화

우리 사회에는 자기 강화(발전) 논리라는 게 있습니다. 내버려 두어도 스스로 그 안에 발전 논리를 갖고 있어 영향력이나 개념을 확대하고 강화하는 것입니다. 자본(돈), 부, 경쟁, 남성, 학력, 개발, 힘, 같은 것들이 그러합니다. 그에 반해 인권, 평화, 인성, 여성, 자연, 가난은 자기 강화 논리가 미약하거나 없습니다.

학교 예를 들어 보겠습니다. 어느 학교나 한결같이 추구하는 두 가지 목표가 있습니다. 하나는 학력 신장이고 하나는 인성교육입니다. 이 두 가지를 교육 목표로 내걸고 있지만, 실제 학교에서 이뤄지는 대부분 일은 학력 신장입니다. 인성교육은 잔치국수에 올려 놓은 고명처럼 학교교육의 모양내기로 거론될 뿐입니다.

학력 신장은 학교에서 굳이 난리법석 떨지 않아도 자기 강화 논리에 의해 자연스럽게 굴러갑니다. 대입 입시제도, 사교육, 학부모들의 열화 같은 요구에 의해 학력 신장은 갈수록 강화됩니다. 그러나 인성교육은 그렇지 않습니다. 학력 신장에 비해 인성교육은 찬밥입니다. 어떤 문제가 터졌을 때나 잠시 입에 올릴 뿐, 개밥에 도토리입니다.

우리가 힘을 실어 줘야 할 부분은 당연히 인성교육입니다. 인성교육은 자기 강화 논리가 약합니다. 힘을 실어 주지 않으면 말라죽습니다. 학교에서 진정한 '교육'이 이루어지려면 인성 쪽에 힘을 실어 주어 정책적으로 말라빠진 인성을 키워 내야 합니다. 그런데 실제 현실은 그렇지 못합니다. 모든 학교가 너나없이 학력 신장에 열을 올리고 있습니다. 그냥 두어도 자연히 알아서 강화될 쪽에 오히려 학교가 나서서 전력투구합니다.

평화도 마찬가지입니다. 무기, 군사력, 전쟁, 힘 같은 것과는 달리 평화는 자기 강화 논리가 약합니다. 다른 것들은 군수산업, 신무기 개발, 전쟁 장사 등으로 갈수록 팽창하고 힘을 더해 가지만, 평화는 늘 명분으로나 작용할 뿐 실체마저 허약합니다.

그러나 평화가 없으면 인간은 죽음입니다. 평화만이 인간을 평화롭게 합니다. 어떤 무기도 평화를 가져다주지 못합니다. 관계의 개선만이 평화를 가져옵니다.

이제 우리는 그동안 도외시했던 부분, 다시 말해 자기 강화 논리가 미약한 부분에 힘을 실어 주어야 합니다.

저는 이 책을 2012년에 썼습니다. 앞서 말한 대로 힘을 실어 주지 않으면 제 가치를 드러내기 어려운 '평화'에 대해 주위를 환기시키고 일반인의 관심을 불러일으킬 목적으로 이 책을 썼습니다.

그러니까 이 책은 제가 '청소년평화모임' 활동을 하면서, 평화를 주제로 쓴 3부작(『오리와 참매의 평화여행』, 『등불 하나』, 『평화 채널 50』) 가운데 마지막 권입니다.

책이 나오기까지 5년이 걸렸습니다.

평화에 대해 알고,

우리 몸과 마음에 평화가 흐르고,

경쟁 속도가 아닌 평화의 속도로 살아가기 위해,

평화라는 큰 바다에서 '평화 한 모금'을 떠놓았습니다.

그 사이 우리 사회에 엄청난 변화가 있었습니다. 나라를 분탕질해 놓은 국정농단 세력에 대한 응징과, 그동안 쌓여 온 폐단에 대한 청산작업이 이루어지고 있습니다.

4개월 넘게 끊이지 않고 이어 온 촛불집회. 연인원 참가자 16,573,000명.

그런데도 구속된 사람은 0명.

정말 감동스런 일입니다. 세계 어디에도 이런 일은 없었습니다. 촛불집회는 그 자체가 평화이자 축제였습니다. 평화롭기에 더 큰 힘을 발휘한, 우리 사회를 새로운 길로 이끌어 가는 시민혁명이었습니다.

앞으로 평화의 가치는 갈수록 커질 것입니다. 가정에서든 사회에서든 국가 간에든 한 인간의 내면에서든 경쟁, 폭력, 적개심 따위로는 평화로운 삶을 살 수 없습니다.

평화만이 인간을 평화롭게 합니다.

이 책은 평화에 대한 입문서입니다. 이 책을 통해 평화에 대해 느끼고, 작은 실천이라도 몸소 행하고자 하는 마음이 우리들 사이 널리 번졌으면 좋겠습니다.

평화롭고자 한다면 평화를 실천해야 하지 않겠습니까?

2017년 6월

조재도

편향에 대한 이해

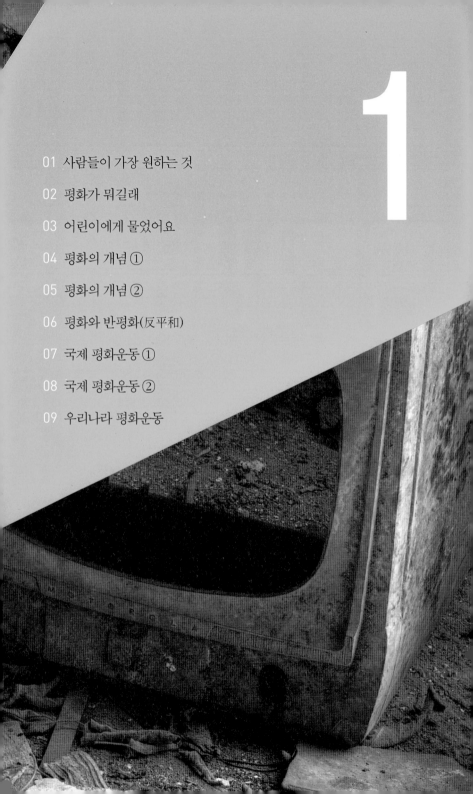

1

01

사람들이 가장 원하는 것

······그것은 평화

세상 사람들이

원하는 것은 무엇일까?

어린이도

청소년도

어른도

남자도 여자도

나이 많은 사람도

마음속에 가장 원하는 것.

돈?

- 그래 돈일지 몰라.

명예?

- 그래 명예일지 몰라.

권력?

- 그래 권력일지 몰라

건강?

– 그래, 건강!!

그러나

돈보다, 명예보다, 권력이나 건강보다

사람들이 더 원하는 것.

지금 당신이 가장 원하는 것.

그것은 평화!

19

02
평화가 뭐길래

우리나라 사람들이 하는 인사말

"안녕하세요?"

미국 사람들이 하는 인사말

"How are you?"

일본 사람들이 하는 인사말

"こんにちは(곤니찌와)"

독일인들이 하는 인사말

"Wie gehts?"

중국인들이 하는 인사말

"你好(니하오)"

이스라엘 사람들이 하는 인사말

"샬롬."

이 모두의 의미는

"안녕하십니까?"

"평화로우십니까?"

이렇게 볼 때

평화는

인간이 바라는 최상의 상태를

나타내는 말

그렇다면

그 최상의 상태란 어떤 것일까.

참고자료 : 「평화개념의 변천과 한반도 여성의 현실」, 김윤옥

03
어린이에게 물었어요

● 평화와 관련된 말을 써 보세요.

도움, 배려, 양보, 존중, 행복, 사랑, 자유, 존경, 희망, 용기,
마음, 자신감, 가족, 리더십, 기쁨

● 평화와 반대되는 말을 써 보세요.

싸움, 욕, 전쟁, 불행, 죽음, 파괴, 괴로움, 배고픔, 슬픔, 가난,
미움, 배신, 분단, 무기, 욕심.

이것은

누구에게 물어도 마찬가지 아닐까.

어린이뿐만 아니라

어른도

같은 대답이 나올 듯,

이렇게 볼 때 평화는

● 어린이들이 그린 평화 그림

인간이 바라는 최상의 상태를

나타내는 말.

살면서 겪는 여러

괴로움과 고통이 없는 상태를

나타내는 말.

그러니

누구라도 평화롭기를 원하지 않을까?

사람들이 진정으로 원하는 것이

평화 아닐까?

04
평화의 개념 ①

평화는 뜻이 두 가지여서 반대말도 둘이다.

● 평화(平和) : ① 평온하고 화목함.

　　　　　　　② 전쟁, 분쟁, 일체의 갈등 없이 평온함. 또는

　　　　　　　그런 상태.

● 평화의 반대말 : ① 불안 또는 혼란

　　　　　　　　② 전쟁 혹은 폭력

평화는

서양의 기독교 사회에서는

전쟁이 없는 상태의 질서유지(Pax[1] Romana)라는

적극적이고 정치적인 의미를 띠고 있고,

힌두교 영향권에 있는 인도에서는

마음의 편안함을 목표로 하는

내향적이고 비정치적인 태도로 평화를 추구했으며,

중국에서는

"권력을 독점하는 자가 없고, 평등하며,

재화(財貨)가 공유되고 생활이 보장되며,

각자가 충분히 자기 재능을 발휘할 수 있고,

범죄가 없는 대동사회"라는 의미를 담고 있다.

따라서

평화라는 말은

시대와 지역에 따라

그 의미가 달라져 왔음을 알 수 있겠는데,

그럼에도

'정의, 질서, 친화, 편안한 마음'을

평화의 주된 요소로 삼았다.

NOTE

1) '팍스'는 정치적으로는 전쟁을 막기 위하여 정치적 지배체제를 공고히 한다는 뜻이며, 군사적으로는 군사력을 동원한 무력평정을 뜻한다. 평화라는 영어 단어 'peace'는 라틴어 '팍스(Pax)'를 번역한 말인데, 로마인들이 말하던 '팍스'는 로마가 정복지에 로마식 제도와 문화 언어를 심어서 통치를 안정시키는 것이었다. 그러니까 '팍스'는 우리가 생각하는 평화라기보다는 '질서'에 가까운 뜻이다. '팍스 로마나'는 로마가 주도하는 평화가 아니라 로마가 주도하는 질서라는 말이다.

참고자료 : 『평화교육사상』, 고병헌, 학지사
　　　　　「평화개념 변천과 한반도 여성의 현실」, 김윤옥

05

평화의 개념 ②

따라서 평화라는 말만큼
다양한 의미를 갖고 있는 말도 없다.

시대와 지역과 집단에 따라
다양하게 이해되어 온 말
'평화'

평화를 의미하는 그리스어 '에이레네(eirene)'는
'휴전'을 가리킨다.
전쟁 상태에서 일시적 평온 기간을 나타내는 말.

라틴어로 평화는 '팍스(pax)'
팍스는 영어 단어 'peace'의 어원이기도 하다.
정치적으로는 지배체제(질서)를 공고히 하고
군사적으로는 군사력을 동원해 무력 평정을 뜻하는 말.

히브리 어로 평화는 '샬롬(shalom)'

사람 마음이나 세상에

완전함, 통일, 충만함이 깃들어

최상 최적의 상태가 유지되는 것.

늑대와 양이 한 울타리 안에 살고

독사가 든 항아리에

아기가 손을 넣어도 물지 않는

그런 세상.

러시아어로 평화는 '미르(mir)'

세계의 모든 전체가 완숙한 상태에 있는 것.

인도어로 평화는

'산티(santi)'

정신적 만족이나 인간 내면세계의 심오한 통합을 의미한다.

중국어로 평화는 '허핑(和平)'

사람들이 서로 화목하게 지내는 것.

나아가 개인과 사회, 자연의 모든 사물, 사건들이

평형과 조화를 이루는 것.

우리말로는 '평화(平和)'

평온하고 화목함, 화합하고 안온함,

전쟁 없이 세상이 평온함을 의미한다.

이렇듯

그 의미가 다양하고 다층적이고 포괄적이어서

한 마디로 정의할 수 없는 '평화'는

그러나 분명히

모든 인간이 바라는 이상이라는 것.

누구나 누리길 원한다는 것.

참고자료 : 『평화교육사상』, 고병헌, 학지사

06
평화와 반평화(反平和)

"지배자들의 평화는

곧 민중들의 반평화에 기초하고

있다는 것"

이러한 평화의 의미는

실제로 얼마든지 '반평화'의 의미로

사용될 수 있다.

"그대가 평화를 원하거든 전쟁을 준비하라."라는

로마 격언.

수많은 핵무기에 붙여진 이름.

"평화 수호자"

그리고 전 세계적으로 벌어지는 무수한 갈등과 분쟁

모든 전쟁의 명분으로 내세워지는

평화.

"평화는 우리의 간절한 소망입니다. 그러나 의지만으로 평화를

지킬 수 없습니다.

누구도 넘볼 수 없는 힘을 가져야 합니다."

여기서 힘은 군사력.

우리를 '적'으로부터 안전하게 지켜 주는 분명한 실체가 힘이라면

평화는 모호하고 불분명한 이상.

그리하여 늘 힘의 논리에 밀려

갈등과 분쟁과 전쟁과 폭력의

명분으로 이용되어 온 평화.

그리하여

"평화는 옮겨가면 반드시 타락합니다.

평화의 이전(移轉)은 전쟁을 의미합니다."라는

이반 일리치 말은

평화에 대한 정곡을 찌른다.

● 이반일리치의 사상을 모아 놓은 책

그뿐만이 아니다.

'가진 자의 평화'

'힘 있는 자들의 평화'

그리고 '지배자들의 평화'

이 말은 곧

'못 가진 자들의 반평화'

'힘없는 자들의 반평화'

'억눌린 자들의 반평화'

그리하여 지배자들의 평화와

민중의 평화[1]는 서로 다를 수 있다는 것.

지배자들의 평화는

곧 민중들의 반평화에 기초하고 있다는 것.

지배자들의 평화가

무력이나 언론 교육을 통해

기득권을 유지하는 것이라면

민중의 평화는

자기들 삶을 유지해 가는 데 필요한

최소한의 물질적 정신적 기반을 누리는 데 있다는 것.

따라서 평화라는 말도

'질서'나 '정의'라는 말처럼

누구 편에서 어떻게 쓰이느냐에 따라

그 의미가 달라진다.

NOTE

1) 민중의 평화 : 이반 일리치가 내놓은 평화개념.

참고자료 : 『평화교육사상』, 고병헌, 학지사

『과거의 거울에 비추어』, 이반 일리치, 느린걸음

07

국제적인 평화운동 ①

● 전쟁주의 : 정치적 갈등을 군사적 힘으로 해결하려는 경향.

● 평화주의 : 국가 간 군사적 대결을 평화적으로 해결하려는

모든 노력.

이 두 개념의 뿌리는 오랜 역사를 지니고 있지만

평화주의에 따른 평화운동이 조직적으로 일어나기 시작한 것은

19세기 이후의 일.

처음 평화운동은

종교적 신념, 정치적 신념, 휴머니즘이나 양심에 기반을 둔 것 등

여러 입장에서 출발하였으나,

가장 오래된 것은 전쟁 자체를 죄악시하는

종교적 입장에서의 운동이었다.[1]

이러한 기반 속에 **'평화협회'**(1815~1816년)가 설립되어[2],

영국·미국 등지에서 부전비폭력(不戰非暴力)을 주장하는 국제
활동이 시작되었고

그 후 19~20세기에 걸쳐
제국주의 열강의 시장 쟁탈, 식민지 재분할을 위한 전쟁이 빈발하자
이에 대한 반전운동이 상당한 규모로 전개되었다.

NOTE

1) 그리스도 교파 중 메노나이트·퀘이커 등은 절대 평화주의를 내세
운다.

2) 이 시기 R.롤랑, H.바르뷔스 등이 제창한 암스테르담 반전세계대회
(1932)는 사상·신조에 관계없이 널리 사람들을 반전·반파쇼 평화
운동에 결집시킬 것을 목표로 삼았다.

참고자료 : 「평화개념 변천과 한반도 여성의 현실」, 김윤옥

08

국제적인 평화운동 ②

제1차 세계대전(1914~1918) 후

이러한 평화운동은 점차 그 힘을 더해 갔으며,

이탈리아·독일 등에 파시즘[1])이 등장하여 전쟁 위협이 증대되자

평화운동은 반전·반파쇼 운동으로 발전해 갔다.

그 후 제2차 세계대전(1939~1945) 이후[2])

미국과 소련을 중심으로 형성된 '냉전' 격화를 배경으로

세계 각국에 평화위원회가 조직되고,

1950년 '세계평화평의회'가 결성되어

원자력 무기 금지, 군비 확장과 군사블록 반대, 식민지 체제 반대,

전쟁을 준비하는 파시스트 정권 반대, 일본·독일 재무장 반대 등

세계평화 운동의 기본 방향을 밝혔다.

1960년대 미국을 중심으로 일어난 베트남 반전운동과

1970년대 비정부조직(NGO) 군축위원회를 중심으로

핵무기 근절을 지향하는 국제적인 여론과 행동은

UN 군축특별총회 개최(1978년 5〜6월)의 길을 텄으나,

이후 국제적인 평화운동은 미ㆍ소 대립 격화로 약화되었다.

그러다 2001년 9·11 테러 이후

부시 정권의 '악의 축' 발언과 함께

미국이 선(善)의 대표자로 세계적 패권의 정당성을 강조하는

상황에서 일어난

21세기 반전 평화운동은

예전과는 새로운 양상으로 전개되었다.

곧 베트남 전쟁 등 과거 반전운동이

전쟁이 한참 전개된 후에 일어났던 것에 비해,

이번에는 "전쟁이 시작되기 전에 전쟁을 막아야 한다"는

예방 운동 형태로 나타났던 것3).

그 결과 1991년 걸프전 때 30여 개 국가들이 참전했던 반면에,

2003년 미국의 이라크 침공에는

영국, 호주, 스페인, 폴란드 등 소수 국가들만이 참전함으로써

미국의 '전쟁 동맹' 구성 계획에 치명타를 가해

많은 국가들이 미국에 줄 서는 것을 포기하고

중립을 유지하거나 반전 연대에 동참하도록 했다는 것.

NOTE

1) 파시즘이란 제1차 세계대전 이후 이탈리아 뭇솔리니가 조직한 '파
시스트당'을 중심으로 형성된 정치이념으로, 20세기에 등장한 독재,
전체주의 체제나 운동을 통틀어서 일컫는 말이다.

2) 제2차 세계대전(1939~1945) 이후 평화운동은 이전 평화운동과 비
교할 때 ① 일시적 평화 유지가 아닌 전쟁 절멸, 항구평화 실현을 지향했
다는 점, ② 정당·파벌·사상·신조의 차이를 넘어 광범위한 각 계층
을 결집하였으며, 그것에 의하여 구성되었다는 사실에서 차이가 난다.

3) 이렇게 반전 평화운동이 성장하게 된 결정적인 배경에는 인터넷이 있었다. 실제로, 미국 내 이라크 참전 군인을 아들로 둔 어머니들 모임인 '전쟁을 반대하는 어머니 모임' 회원들은 부시의 이라크 침공을 전후해 하루 평균 7~8시간을 컴퓨터 앞에 앉아 반전운동을 주도했는데, 이는 이라크 참전 미군들이 노트북을 들고 실시간으로 정보와 명령을 주고받으면서 새로운 형태로 전쟁을 벌이듯, 반전 평화운동도 이러한 정보전에 맞서 새로운 형태의 평화운동을 전개한 것이다. 그리고 최근 들어 전개되는 평화운동은 예전처럼 단순히 '반전'을 중심으로 하는 것이 아닌 생태·환경·생명·복지·통일·빈부격차 철폐 같은 운동으로 그 내용이 확대되어 가고 있다.

참고자료 : 「평화개념 변천과 한반도 여성의 현실」, 김윤옥

09

우리나라 평화운동

우리나라는

2001년 미국 부시 행정부 출범 이후

미국이 북한을 '악의 축'으로 규정하고

이라크 전에 파병을 감행하면서

평화의 소중함에 대한 대중적 각성과 참여에 힘입어

평화운동이 활발하게 전개되고 있지만

그러나 아직 우리나라 평화운동 역사는 매우 짧다.

1990년대 후반 이후

'평화운동'을 표방하는 단체들이 생겨났지만[1]

아직은 역사나 활동 역량이 미약한 것이 사실.

그럼에도

한국여성단체연합, 환경운동연합 등

주요 시민 · 노동운동 단체들이

'반전평화'를 핵심 사업으로 하면서

평화운동 확산과 대중화에 기여하고 있다.

이같이

국내외적으로 다양하게 활동을 펼치고 있지만

그러나 우리나라 평화운동은

운동 경험 부족, 인적 · 재정적 기반의 취약함, 전문가 부족 등으로

가야 할 길이 먼 것이 사실.

그렇다면 여기서

왜 우리나라 평화운동은 출발이 뒤늦었고

또 역량이 취약한가에 대한 의문을 갖지 않을 수 없다.

지난 세기

일제 식민지배와

핵무기에 의한 피폭 피해 세계 2위 및 지속적인 핵 위협에 노출[2]),

6·25 전쟁,

수십 년 간 지속된 분단,

그로 인한 남북한 사이 긴장 격화와 군비 경쟁,

경제적 근대화와 독재체제, 종속적인 한미관계 등

우리가 겪어 온 역사로 볼 때

우리나라에서 평화운동이 뒤늦게 일어난 것은 의아스러운 일.

그렇다면 왜 우리나라에서 평화운동은 뒤늦게 시작되었을까?

이는 평화운동의 핵심 영역이라 할

반전 · 반핵 · 국방정책 감시 및 군축 운동에 대한

부족한 경험과 뒤늦은 자각 때문.

특히 전쟁과 평화에 대한 정보를 국가가 독점하여,

이에 대한 재해석이나 비판은 곧바로

'반(反)정부'라는 꼬리표를 달 수밖에 없었고,

'반정부=친북(종북)'이라는 레드컴플렉스와

이를 정권 안보에 악용해 온 독재정권 하에서

평화운동은 싹트기조차 힘들었던 것.

또 평화교육 부재, 군사주의 문화, 보수적 언론 풍토,

가부장적 사회, 그리고 지식인 사회 보수성 등으로

평화운동이 일어날 수 있는 지적, 문화적, 학문적 풍토가

대단히 희박했다는 것.

NOTE

1) 평화를 만드는 여성회(1997년), 평화와 통일을 여는 사람들(1998년), 평화 네트워크(1999년), 한국 대인지뢰 대책회의(1999년), 평화인권연대(1999년) 등이 이 시기에 생겨났다. 또 평화통일 시민연대(2002년), 다함께(2002년), 비폭력 평화물결(2003년), 참여연대 평화군축센터(2003년) 등이 2000년대 들어 창립되어, 한미 행정협정(SOFA) 문제, 미사일 방어체제(MD), 미국의 이라크 침공 및 한국의 이라크 파병 문제, 양심에 따른 병역 거부, 테러 방지법 제정, 6·15 공동선언, 핵 문제를 둘러싼 북미 간 대결 등 국내 주요 현안에 대해 '공동기구'를 만들어 대응하고 있을 뿐만 아니라, 국제적으로도 미군범죄, 미군 기지 문제를 중심으로 연대 활동을 강화하고 있다.

또한 '주한미군범죄근절운동본부'와 '기지반환연대'가 주축이 되어 펼친 매향리 국제 폭격장, SOFA, 한강 독극물 방류 사건 등 미군 범죄를 국제사회에 알리고 평화운동의 국제적 연대 폭을 넓히는 데 큰 기여를 하고 있다.

2) 국내외 연구 자료에 따르면, 1945년 원폭으로 피해를 입은 '조선인'은 약 7만여 명(히로시마 5만, 나가사키 2만, 추정치)이며, 이중 히로시마에서 약 3만 명, 나가사키에서 1만 명 총 4만 명이 원자폭탄에 희생되었다고 한다. 생존

자 중 2만 3천여 명이 한반도 남쪽으로 귀국하였다고 보고되고 있으며, 대략 2000명 정도는 북으로 간 것으로 알려져 있다.

2011년 12월 현재 '한국 원폭 피해자협회'에 등록된 회원 수는 2675명이지만, 실제로는 자신이 피폭자인 줄도 의식하지 못한 채 살아가는 피폭자를 포함하여, 협회에 가입하지 않은 이를 포함하면 피폭자는 더많이 있을 것으로 추정된다.

원폭 피해자 범위를 피폭자(1세)와 더불어 그 직계 후손인 2세까지 포함시켜 보면, 현재 1세 원폭 피해자는 약 2675명이 생존해 있고, 2세 피해자의 경우 7500여 명(2004년 국가인권위원회 조사)이 한국에 생존해 있는 것으로 추정되며, 원폭 피해자 2세의 경우, 약 7500여 명이 생존해 있을 것으로 추정되나, 정확한 실태를 파악하기 쉽지가 않다. 이중 '한국원폭2세환우회' 회원으로 등록되어 있는 수가 2011년 12월 현재 1000명을 넘고 있고, 한국보건사회연구원이 만든 '한국원폭 피해자 실태조사(1991년)'를 보면 원폭 피해자 1세의 31%가 원폭으로 인한 유전적 문제에 대한 불안을 갖고 있고, 2세의 28%가 건강에 대한 불안감을 안고 있다고 한다.

참고자료 : 「한국 평화운동 성과와 전망, 그리고 과제」, 정욱식

　　　　　한국여성평화네트워크(http://safe.jinbo.net)

　　　　　합천비핵·평화대회(http://cafe.daum.net/hapcheonANPF)

　　　　　– 한국원폭 피해자 실태와 현황

삶과 평화

2

10 삶과 평화

사람이 살아가면서 맺는 관계에는 무엇이 있을까?

①나 – '나'와의 관계 : 이는 곧 나와 나 자신이 맺는 관계.

②나 – 너의 관계 : 여기서 '너'는 가족뿐만 아니라 타인, 이웃,

지역사회(학교), 국가, 세계 등을 포괄한다.

③ 나 −자연과의 관계.

④ 나 − 가상현실과의 관계 : 이는 인터넷이 발달하면서 이루어진 가상세계와 내가 맺는 관계를 말한다.

⑤ 나 − 신과의 관계(종교).

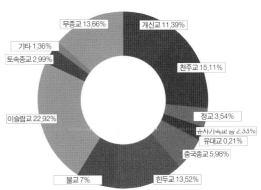

전 세계 종교 인구 통계

무종교 13.66%
개신교 11.39%
기타 1.36%
토속종교 2.99%
천주교 15.11%
정교 3.54%
이슬람교 22.92%
유사기독교등 2.33%
유대교 0.21%
중국종교 5.98%
불교 7%
힌두교 13.52%

이 가운데

사람이 평생 살아가면서 맺는 관계 중

가장 큰 관계는 무엇일까?

①번? ②번? ③번? 그 외?

그것은 ①번

나와 나 자신과 맺는 관계.

분노, 우울, 슬픔, 기쁨 같은 인간 감정,

의지, 생각, 자신에 대한 만족과 불만족, 자아상, 신체, 질병 등

온갖 상황에 따른 정서 변화.

이 모든 것이 나와 나 자신 사이에서 일어나는 것.

다시 말해 나의 내면(마음)에서 일어나는 것.

따라서 인간이

평화롭기 위해서는

내면이 평화로워야 한다.

자기 자신과 싸우고 갈등하는 한

인간은 결코 평화로울 수 없다.

종교도

자연도

가족이나 친구 이웃 직장

그가 살아가는 사회도

그리고 가상현실도

자기 내면이 평화로워야

그것들과 바른 관계를 맺어갈 수 있다는 것.

이 말은 다시 말해

내가 평화롭지 않으면

나와 관계를 맺고 있는 다른 여러 영역들이

비틀리고 왜곡되어

그 관계가 평화로울 수 없다는 것.

그래서 우리는 평화 중에서도

내면의 평화를 제일로 한다.

11
내면의 평화

내면의 평화 : 마음이 평온하고 갈등 없이 충만한 상태.

그렇다면 무엇이 내면의 평화를 깨뜨릴까?

▷ 욕망 – 만족을 모르는 욕망.

▷ 신체 결핍 – 그러나 신체 결핍을 이겨내고 내면의 평화를 얻은 사람들도 많다.

▷ 사회구조 – 빈부격차, 억압적 독재사회 등.

▷ 감정 – 조급증, 적대감, 경쟁심, 우울 등.

▷ 불교 – 탐, 진, 치.[1]

▷ 기독교 – 화를 다스려라. 대접받기 원하면 먼저 대접하라.

▷ 공자 – 기소불욕 물시어인(己所不欲 勿施於人, 자신이 바라지 않는 일을 남에게 행하지 마라.)

우리는

내면의 평화가 어떤 것이고

그것을 방해하는 것들이 무엇인지 잘 알고 있지만

그것을 다스려

정작 평화로운 마음을 갖기란 어려운 일.

만인의 만인에 대한 투쟁[2]이란 말도 있듯이

무엇을 위한 경쟁인지도 모르면서 우리는

서로를 이기려는 무한 경쟁 속에 살고,

진 사람은 물론이고 이긴 사람도 편할 날이 없는 요즘

물질적으로는 전보다 훨씬 풍요로워졌는데도

인간의 내면은 갈수록 더 시끄럽고 불안하다.

이런 상황에서

내면의 평화는 갈수록 중요해지고

그것을 이루기 위한 여러 방법과 일들이

소개되고 있지만

‘주의력’

'지금 여기'

내 안에서 무슨 일이 일어나고 있는지를

살피는 힘!

그 힘을 길러

캄캄한 마음의 바다에 등불 하나 켜는 일,

이것이야말로 내면의 평화를 얻을 수 있는

길이 아닐까.

NOTE

1) 탐욕(貪慾), 진에(瞋恚), 우치(愚癡)를 말하며, 불교에서는 이를 가리켜 삼독심(三毒心), 인간에게 독이 되는 세 가지 마음이라고 한다. '탐욕'은 자신이 좋아하는 대상을 가지려는 마음. '진에'는 자기 마음에 들지 않으면 참지 못하거나 분노하는 마음. '우치'는 진리를 분별하지 못하는 어리석음이다.

2) 영국의 정치 사상가인 토마스 홉스가 그의 저서 『리바이어든』에서 한 말. 그는 자연 상태에서 인간은 저마다 자신의 생존과 이익만을 추구하며, 인간 본성이 본질적으로 이기적이기 때문에 자기가 살아남기 위해서는 공격적이고, 파괴적인 일도 서슴지 않고 할 수 있다고 생각한다. 그 불가피한 결과가 "만인의 만인에 대한 투쟁"이라는 것이다.

12

소극적 평화와 적극적 평화

제2차 세계대전 이후

1950년대 미소 냉전과 핵무기 개발이 계속되면서

인류가 공동의 파멸에 직면할 수 있다는 위기의식이 널리 퍼졌고,

대량살상 무기 감축, 핵무기 폐지 등 보다 적극적인 운동이

펼쳐지면서,

그리고 1960년대 후반 국제적으로 데탕트[1] 분위기가

본격화되고

미국의 베트남전에 대항하는 반전운동이 절정을 맞으면서,

국제적으로 평화연구소가 곳곳에 창립,

'평화연구', '평화학'이란 학문 분과가 대학에 정립되면서

'평화'의 개념도 확산되었다.

이 같은 상황에서

노르웨이 평화연구가 요한 갈퉁(Johan Galtung)은

그가 이끄는 오슬로평화연구소(PRIO)와 함께

영어 'peace'라는 말로 번역되는 평화에 대해
여러 문화의 관점에서 비교하였다.

그 결과 그는 평화의 의미가
단순히 '전쟁에 반대되는 평화'라는 서양적 관점에서
마음의 조화라는 동양적 관점으로까지
확대되어야 한다고 주장했다.

또 그는 평화의 반대 개념으로
전쟁이 아니라 '폭력'이라는 개념을 선택했으며,
극도의 빈곤, 정치적 억압, 인종차별, 무질서, 문맹, 기아, 등
'구조적 폭력'[2]으로까지 평화 개념을 확대했다.

이는 안보 문제나 전쟁 방지에 초점을 맞춘
기존의 '전통적인' 평화 연구에서
폭력이 발생할 수밖에 없는 사회 구조적 원인을 문제 삼은 것.

그는 전쟁이 없는 소극적 평화는 물론,
모든 폭력으로부터 자유로움을 뜻하는
'적극적 평화 (positive peace)'의 중요성을 강조했다.

NOTE

NOTE

1) 데탕트는 국제 간 긴장완화를 의미한다. 1968년 미국 대통령에 당선된 닉슨은 1972년 미국 대통령으로는 처음으로 '죽의 장막'을 넘어 중국을 전격 방문, 미·중 국교 정상화의 발판을 마련한 데 이어, 소련과 처음으로 전략무기제한협정(SALT) 체결에 합의했고, 1973년에는 베트남에서 미군 철수를 완료해 동서 화해의 데탕트 시대를 열었다.

2) 구조적 폭력이란 어떤 사회 안에서 개인이 아닌 집단에 의해 구조적으로 이루어지는 폭력을 말한다.(예를 들어 한 사람의 남편이 부인을 때렸으면 이는 개인적인 폭력이지만, 100만 명의 남편이 부인을 때린다면 이는 구조적 폭력이다.) 갈퉁은 구조적 폭력의 원인을 사회구조의 불평

등에 있다고 보았다. 권력이나 자원을 배분하는 데 불평등이 존재하는 곳에 구조적 폭력이 있다고 본 것이다. 따라서 갈퉁은 전쟁과 같은 직접적인 폭력이 없는 상태인 '소극적 평화'와 구조적 폭력이 극복된 상태를 일컫는 '적극적 평화'를 대비시켰다.

참고자료 : 「평화개념 변천과 한반도 여성의 현실」, 김윤옥

「원불교와 평화」, 정상덕

「인간의 마음 : "우리는 왜 폭력을 즐기는가"」, 이재영

평화 관점 세우기

3

13

갈등과 평화

평화로운 세상

평화로운 마음이란 무엇일까?

갈등이 없는 세상

갈등이 없는 마음일까?

그런 세상이 있을까?

그런 마음이 있을까?

인간의 생명이 유기체라면

그리고 인간이 살아가는 사회가 하나의 유기체라면

갈등은 피할 수 없는 것.

갈등은 생명 유지의 한 조건.

그렇다면 우리는

평화와 갈등 관계를 어떻게 보아야 할까?

갈등을 단순히 두려워해야만 할까?

평화로운 세상이란 갈등 없는 세상이 아니라

갈등을 폭력에 의지하지 않고 해결할 수 있는

능력이 있는 세상을 의미하는 것.

다시 말해

평화와 갈등이 서로 대립하는 것이 아니라

갈등의 평화적 해결

평화적 갈등 해결을 통해

문제를 해결해 나가는 것.

그런 면에서 볼 때

평화와 갈등은 빛과 그림자 관계.

빛이 사물에 비치면

그림자가 생기듯

평화를 갈구하는 곳에 갈등이 있고

갈등을 해소하기 위해 절실한 평화.

힘의 논리에 따른

갈등 없는 주종관계가 좋을까?

갈등은 있지만 평등한 인간관계가 좋을까?

우리는 갈등을 조정해 가는 과정을 통해
평화를 배우고 우리 삶은 진보한다.

참고자료 :「갈등해소와 자기통제 – 내가 만드는 평화」, 이현숙

14

폭력적 세계관 ①

1492년 8월 3일 스페인 팔로스

크리스토퍼 콜럼버스를 대장으로 한 탐험대 88명이

세 척의 그리 크지 않은 배에 나누어 탔다.

대서양을 건너는 대항해를 시작하는 날이었다.

당시 사람들은 모두 지구가 네모져서

바다 끝에 이르면 폭포처럼 밑으로 떨어질 것이라 믿었다.

그러나 탐험대 대장인 콜럼버스는 지구가 둥글다고

굳게 믿고 있었다.

그는 이곳에서 서쪽으로 계속 가면

틀림없이 인도가 나올 것으로 생각했다.

그렇게 두 달 이상 항해한

1492년 10월 20일

드디어 콜럼버스는 새로운 신대륙을 발견하게 되었다.

그는 섬에 내리자마자 무릎을 꿇고 땅에 입을 맞추었고

그곳이 인도일 거라고 생각했다.

그리고 그곳 원주민을 인디언이라 불렀다.

콜럼버스가 7개월 만에 다시 스페인으로 돌아오자
사람들은 그를 개선장군처럼 맞이했다.
환영회장에서 콜럼버스를 시기하는 사람이 말했다.

"배를 타고 서쪽으로 계속 가다 보면 누구라도 섬을
발견할 수 있다!"
그 순간 콜럼버스는 달걀 한 개를 집어 들었다.

"누가 이 달걀을 세워 봐 주십시오."

그러나 아무도 달걀을 세우지 못했고
콜럼버스는 달걀 끝을 조금 깨 보란 듯이 상 위에 세웠다.
사람들은 그것을 보고 모두 웃었다.

"남이 한 것을 보고 뒤에 하는 일은 누구라도 쉽게 할 수 있습니다.
그러나 그것을 처음으로 한다는 것은 어려운 것입니다."

여기서 나온 말, '콜롬버스 달걀'

이 일화는 흔히 발상 전환, 고정관념 탈피라는 의미에서

자주 말해지고 있지만

여기서 잠깐!

왜 멀쩡한 생명인 달걀을 깨 그것을 세웠나?

콜롬버스가 신대륙을 발견한 이후

보지 않아도 알 수 있는 원주민 학살

스페인이라는 제국주의 식민지 정책 확대[1]

달걀(생명)을 깨트리고 세운 것과 같지 않은가?

NOTE

1) 콜럼버스는 그의 생애 동안 모두 네 차례 아메리카 대륙을 탐험했다. 그가 탐험을 한 것은 각종 향신료 수입을 위한 인도 교역으로 얻을 수 있는 금과 보물이 가장 큰 이유였다. 콜럼버스는 식민지 행정관으로 그곳 인디언(원주민)들에게 공납과 부역(경작과 금 채굴)을 명령하였다. 그러나 금 산출량이 보잘 것 없자, 인디언을 학대·살육하였으며 노예화 하였다. 수많은 인디언들이 유럽으로 팔려갔고, 다수가 그 과정에서 죽어갔다. 금을 가져오게 하여 할당량을 채우지 못하면 인디언들의 팔다리를 잘랐다. 실제로 금이 그렇게 많지 않아서 많은 원주민들이 도망갔고, 정복자인 스페인 사람들은 이들을 사냥하여 죽였다. 원주민들은 저항했지만 스페인 무기가 훨씬 우월했고, 유럽에서 옮아온 전염병이 그들을 파멸로 몰아갔다. 25만에 달하던 타이노 원주민 수는 2년 만에 절반으로 줄어들었다.

15
폭력적 세계관 ②

또 하나의 예,

선생 : (학생 A에게) 넌 학교 왜 오니?

학생 : 공부하려구요.

선생 : 공부는 왜 해?

학생 : 좋은 대학 가려구요.

선생 : 좋은 대학 가서 뭐하게?

학생 : 좋은 직장 갖고 예쁜 배우자 만나 결혼하고.

…

…

선생 : 그래서 어떻게 되는데?

학생 : 그러다가요? 죽지요.

콜럼버스의 폭력적 세계관이나

학생의 이기적인 태도가

당연한 것으로 받아들여지는 사회.

'평화를 원한다면 전쟁을 준비하라.'
'역사가 우리에게 주는 교훈은
평화는 스스로 지킬 수 있는 힘이 있을 때만 가능하다.'와 같은

평화는 곧 힘에서 나온다는 생각은

나를 위협하는 적(경쟁자)을 상정하고,
그 적을 정복해야만 평화로울 수 있다는
폭력적 세계관에 기인하는 것.

그리고 심각한 것은
우리도 모르는 사이
우리는 그 같은 사실을 너무도 당연하게
받아들이고 있다는 것.

16
경쟁과 평화

경쟁 —

이겨야 한다.

속도 —

빨라야 한다.

그렇지 못하면

루저(looser, 낙오자).

그러니 당연히

경쟁과 속도는 우리 사회 지배 이데올로기[1]

그러나 이 같은 당연함에

'아니오, 그게 아니오.'라며

문제를 제기한 사람.

미국 사회심리학자인

알피 콘.

그에 의하면 경쟁옹호론은

다음 네 가지 잘못된 신화(mith, 생각) 위에 구축된다.

① 경쟁은 삶의 피할 수 없는 현실이며, '인간성'의 일부라는 것.

② 경쟁이 우리로 하여금 최선을 다하도록 한다는 것.

③ 경쟁은 즐거운 시간을 갖기 위한 유일한 방법은 아닐지라

도 가장 좋은 방법을 제공한다는 것.

④ 경쟁이 인격을 키우고 자신감을 얻는 데 좋다는 것.

이렇게 잘못된 경쟁옹호론에 대해

알피콘은 그의 책『경쟁을 넘어서』에서

조목조목 반박한다.[2]

경쟁이 안 좋다는 걸 알면서도

왜 우리는 경쟁은 불가피하다는 논리에서 벗어나지 못할까?

경쟁에서 승리했어도

이긴 사람끼리 또 다시 경쟁해야 하는

무한 경쟁 사회에서

왜 우리는 '넘버 원' 강박에서 벗어나지 못하는 걸까?

사회가 다 그렇게 굴러가는데

경쟁하지 않으면 나만 낙오되잖아!

이 무시할 수 없는 항변.

결국 문제는 삶에 대한 불안과 두려움에서 오는 것이며

익숙함과 타성에서 오는 것.

그러나 어떤 문제에 대해

그것을 당연한 것이 아니라

해결해야 할 문제라고

인식하는 순간부터

위대한 변화는 시작된다.

'경쟁만이 살 길이다'에서

'경쟁하지 않고도 얼마든지 잘 살 수 있다'로

생각의 전환이 일어나야 한다.

NOTE

1) 이데올로기란 개인이나 집단의 사상 행동 따위를 이끄는 신념체계를 말한다.

2) 알피콘이 반박하고 있는 구체적인 내용을 보자.

먼저 ① 경쟁은 삶의 피할 수 없는 현실이며, '인간성' 일부라는 것과 관련, 인간 사회에서 협력 역시 경쟁만큼 필수적이며, 경쟁은 타고난 본성이 아니라 학습된 결과라는 것.(실제로 유치원부터 대학원까지 경쟁은 생존에 필수불가결한 요소라는 논리가 우리들에게 주입되고 있으며, 인간의 사회활동 중에는 경쟁보다 상호의존과 공생이 훨씬 광범위하게 일어나고 있다.)

다음 ② 경쟁이 우리로 하여금 최선을 다하도록 한다는 것과 관련, 사람들은 흔히 성공과 경쟁을 혼동한다. 성공하기 위해 경쟁해야 한다고 믿지만, 경쟁을 통하지 않고도 성공할 수 있는 길이 다양하다는 건 애써 무시한다. 성공, 즉 생산성을 높이기 위해서는 경쟁보다는 협력이 보다 더 효율적일 수 있다.

③ 경쟁은 즐거운 시간을 갖기 위한 유일한 방법은 아닐지라도 가장 좋은 방법을 제공한다는 것과 관련, 알피 콘은 성취와 경쟁을 혼동하지 말자고 한다. 간단한 예로 에어로빅이나 등산처럼 승패와 상관없이 충분히 열정을 일으키거나 몰입을 통해 만족감을 느낄 수 있는 운동들

이 많다. 곧 경쟁적 게임보다 협력적 게임이 더 재미있을 수도 있다는 사실을 인정한다면 경쟁이 주는 재미라는 건 과장되거나 왜곡에 가깝다는 것이다.

마지막으로 ④ 경쟁이 인격을 키우고 자신감을 얻는 데 좋다는 것과 관련, 알피 콘은 경쟁을 선호하는 사람들은 대체로 자존감이 낮고, 반대로 자존감이 높은 사람은 경쟁의 필요성을 느끼지 않으며, 심리적으로 자유로운 상태를 유지한다고 한다. 결국 자존감이 낮은 사람이 자신의 자존감을 지키기 위해 경쟁에 뛰어든다는 것이다. 또 경쟁에서 이겼을 때는 칭찬과 보상을 받음으로써 자존감을 회복하지만, 그렇지 않았을 때는 초조함과 불안에 금방 무너지고 만다는 것이다. 경쟁은 타인을 대상으로 여기게 만들고, 공감 능력을 깎아내리며, 서로 돕는 행동을 주저하게 한다. 그리고 공격성과 적대감을 조장한다.

참고자료 :『경쟁을 넘어서』알피 콘, 비봉출판사

『평화교육사상』고병헌, 학지사

평화를 방해하는 요소

4

17

경쟁과 전쟁

우리 사회에서

평화를 방해하는 가장 큰 요소는 무엇일까?

그것은 경쟁

경쟁의식.

경쟁의식에 사로잡혀 있는 한

인간 역사는 투쟁의 역사

잠시도 쉴 수 없는

쉬어도 다시 싸움을 하기 위한 휴식.

그러다 보니 남는 건

피로와 짜증

인간성 상실.

우리 사회를 지배하는 세계관은

경제적 부, 성공, 그를 위한 경쟁.

한때는 '반공'이 국시였지만

지금은 경제적 부, 경쟁, 승리를 국시로 삼는 사회

이런 상황에서 하루하루 삶은 전쟁

약자는 고사하고 승자마저

자기자신을 돌볼 수 없어

평화로운 삶을 근본적으로 이룰 수 없다.

개인 간 경쟁은 곧

집단 간 전쟁.

평화로운 삶을 살기 위해서는

타인과 타자를 위협 대상이 아닌

조화와 이해 대상으로 받아들여야 하고,

이를 위해서는 자기 중심적인 사고로

남과 경쟁하여 승리하려는 전투적 태도를 버려야 한다.

이는 국가 간, 종교 간, 인종(부족) 간에도 마찬가지.

평화란 단순히 포성이 들리지 않는 '정전 상태'와는 전혀 다르며,

다른 집단과 얼마나 조화롭게

서로 이해하며 살아가는가,

집단 간 상호 이해, 공감을 바탕으로

그 사회의 약자가 어떤 대접을 받는가에

달려 있는 것.

평화를 방해하는 가장 큰

직접적 원인은 아무래도 전쟁

전쟁으로 점철된 인류 역사

인류사의 두 얼굴

평화와 전쟁.

참고자료 : 「한국 사회, 경쟁 멈춰야 평화 이룬다」 박노자 2012년 07월 천주교

인천교구 월례 수요 미사 '사람'에서 한 강의 내용

(http://cafe.daum.net/Love-nature)

18
전쟁

우화 하나.

어느 날 전갈 한 마리가 강을 건너기 위해 두리번거리며
걷고 있었다.

이때 개구리가 나타나자 전갈이 말했다.

"나를 강 건너까지 태워줄 수 있겠니?"

그러자 개구리가 말했다.

"미쳤니. 넌 나를 찌르고 말 걸."

"절대 아니야. 그랬다가는 둘 다 빠져 죽고 말게."

개구리는 반신반의하면서도 전갈을 태우고 강 건너를 향해
헤엄치기 시작했다.

강 중간쯤에 오자 전갈이 개구리를 마구 찔렀다.

결국 개구리와 전갈은 물속으로 가라앉고 말았다.

이 이야기에서 우리는

전갈로 풍자된 전쟁주의자 모습을 볼 수 있다.

이기든 지든 양측 모두를 파멸로 몰아넣는 전쟁을

그들은 기꺼이 수행한다는 것을.

그렇다면 전쟁은 왜 일어나는 것일까.

▶ 기근 – 식량 물 부족 등으로 인한 대립 갈등.

▶ 정치적 갈등.

▶ 착취행위 – 지배자인 소수가 피지배자인 다수의 노동으로

생산된 부를 착취하는 행위.

▶ 영토 무역 자원 확보.

▶ 권력 쟁취 – 왕위 계승, 종교권력 쟁취 등.

이 모든 것이 전쟁의 원인이지만

근본 원인은 탐욕.

서아프리카에 있는 세계 최빈국

'시에라리온'

인구 5백만, 평균 수명 34살, 1인당 국민소득 14만 원인 나라에서

지난 10년 동안(1991~2002)

살육과 광기의 전쟁으로 악명 높은

내전이 일어났다.

무엇 때문에?

바로 다이아몬드 때문에.

다이아몬드 광산을 서로 차지하기 위하여.

포데이 산코를 우두머리로 하는 혁명연합전선(RUF)과

정부군 사이 벌어진 10년 동안 내전으로

20만 명이 사망했으며

인구 3분의 1인 2백만 명이 난민으로 이리저리 떠돌아야 했고,

25만 명 여성이 유린당하고

무고한 시민 4천 명의 팔다리가 잘렸다.[1]

(반군들은 점령지 마을을 약탈하면서 조직적으로 남자들 팔목을

잘랐다.)

이같이 인간 탐욕에 기초한 전쟁은

인류 역사가 시작된 이래 끊이지 않고 일어났다.

'지구상에 전쟁이 얼마나 있었을까?' 라는 문제를 연구한

듀랜트(Will & Ariel Durant) 부부에 의하면

인류 역사가 기록된 3412년 동안

전쟁이 없었던 기간은

불과 286년에 불과하다는 것.

앨빈 토플러(Alvin Toffler)도

"유엔이 창설된 1945년부터 1990년까지 45년(2340주) 간

지구상에 전쟁이 없었던 기간은 0.12%인 3주에 불과하다"고

지적한다.

이렇게 볼 때

인류 역사는 전쟁의 역사이고

지금도 전 세계적으로 전쟁과 분쟁이 끊이지 않고 있다.

그렇다면 세계적으로 전쟁과 분쟁에

가장 많이 관여한 나라는 어디일까?

미국?

영국?

프랑스?

러시아?

NOTE

1) 시에나리온에서 다이아몬드는 아름다움의 상징이 아니라 '피의 상징'이다. 반군들이 장악한 다이아몬드 광산에서 생산되는 다이아몬드는 밀수출되고, 그렇게 번 돈으로 반군은 무기를 사들여 정부군과 싸웠고, 다이아몬드를 지키기 위해 무고한 시민들을 죽이고, 신체를 절단했으며, 마을을 약탈했다. 시에라리온 내전

을 다룬 책으로 『집으로 가는 길』이 있고, 영화 『블러드 다이아몬드』가 있다. 10년 동안 진행된 내전은 유엔 평화유지군과 영국군 파견으로 2002년 종식되었으나, 다이아몬드를 둘러싼 피의 역사가 끝난 것인지는 아무도 알 수 없다.

참고자료 : 『파리, 생쥐, 그리고 인간』 프랑수와 자콥, 궁리출판사

『다이아몬드 잔혹사』 그레그 캠벨, 궁리출판사

19
미국이라는 나라 ①

"미국을 알아야 평화가 보인다."는 말처럼

미국은 전 세계적으로 막강한 영향력을 행사하는 나라.

세계 평화의 수호자, 경찰국가를 자임하기도 하지만

전쟁광(狂), 깡패국가로 비난받기도 하는 나라.

1492년 콜럼버스가 신대륙을 발견하면서

1776년 영국으로부터 독립하여 '미국'이란 나라가 된 이후

미국 건국의 역사는 피의 역사.

인디언 7천만 명을 학살했고[1]

영토 강탈, 노예 매매, 수도 없는 전쟁이 이어졌다.

그 후 전 세계를 대상으로 하는

미국 침략은 끝이 없을 정도.

1776년 건국 이후 2006년 레바논 침공까지

230년 동안 미국이 벌인 전쟁은 153회.

하루도 전쟁이 그치지 않은 나라, 미국.

이쯤 되면 가히 전쟁광이라 할 수 있지 않을까?

무력에 의한 전쟁뿐 아니라

미국의 세계 침략은 정치, 경제, 사회, 문화적으로도

광범위하게 이루어지고 있다.

미국은 자신의 이익에 따라

낮은 단계에서는 정치 사회적으로 해결해 나가지만,

그것이 여의치 않을 경우

중간 단계 침략 형태인

불법적 경제제재도 서슴지 않고

이것으로도 자기 이익을 달성할 수 없을 때는

불법적인 군사 지원뿐만 아니라
군사 개입과 전쟁을 일으킨다.

NOTE

1) 디 브라운이 지은 『나를 운디드니에 묻어주오』라는 책을 보면 콜럼버스가 신대륙을 발견한 1492년부터 인디언 최후 전투인 '운디드니 학살'(1890년)까지 피로 얼룩진 400년 역사가 잘 나타나 있다. 이 책은 철저한 사실을 바탕으로 미국 인디언들의 멸망 과정을 손에 잡힐 듯이 보여 주는데, 폭력과 협잡, 죽음과 희생으로 이루어진
거대한 나라 미국의 추악한 이면을 적나라하게 드러낸다.

참고자료 : 『전쟁중독』, 조엘 안드레아스 지음, 창해

20

미국이라는 나라 ②

그렇다면 미국은 왜 그렇게 전쟁에 열을 올리는 것일까?

전쟁 지지자들의 최전선에는

은행가, 기업(군산복합체[1])경영자,

장관급 군인들이 포진되어 있어

그들이 내세우는 전쟁 명분이란

민주주의, 자유, 정의, 평화를 위해….

그러나 실은

돈, 시장, 천연자원, 세계 제패의

권력과 야욕 때문.

겉으론 고상한 척하지만

속은 돈벌이와 해외투자를 위한 것.

지금도 10만이 넘는 미국 내 기업이

미 국방부라는 울타리 안에서 먹이를 찾아 헤맨다.

록히드 마틴, 제너럴 다이내믹, 보잉, 제너럴 일레트릭 등이

그 대표적인 기업.

미국은 세계 제패의 야망[2]을 실현하기 위해

2009년 현역 군인 29만 3700명을 해외에 파견했고[3]

(이는 전체 미군의 21%에 해당함.)

46개국 900여 군사시설을 운용한다.

이 시설 면적을 모두 합치면 서울의 5배.

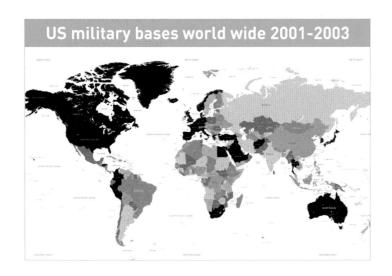

"국내의 번영과 해외 평화를 보장하기 위해

지구 상에서 가장 강력한 군대를 유지하는 것은 극히 중요하다."는

오바마 대통령 말처럼

전 세계 요충지에 군사력을 확대하는

미국의 해외팽창 전략은 쉽게 수그러들지 않을 것.

그렇다면 세계 경찰국가임을 자임하면서

팍스 아메리카나 체제를 유지하기 위해

드는 돈은 얼마나 될까?

세계에서 가장 많은 국방비를 지출한 나라는

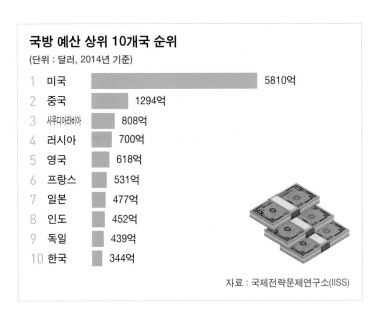

국방 예산 상위 10개국 순위

(단위 : 달러, 2014년 기준)

1	미국	5810억
2	중국	1294억
3	사우디아라비아	808억
4	러시아	700억
5	영국	618억
6	프랑스	531억
7	일본	477억
8	인도	452억
9	독일	439억
10	한국	344억

자료 : 국제전략문제연구소(IISS)

역시 미국

2014년 기준 5810억 달러(한화 약 608조 원)

그 다음 중국, 프랑스, 영국….

러시아는 일본과 사우디에 이어 8위.

이는 전 세계 국방예산의 43%.

한국의 28배, 영국의 10배, 2위인 중국과도 9배 차이.

이 엄청난 국방비를 지불하기 위해

다른 사회복지 사업은 뒷전,

갈수록 세금은 많아지고, 교육은 낙후되며

마약, 매춘, 총기 사용 등 시민들 생활환경은 열악.

그리하여 군사주의에 대한 저항이

끊임없이 일어나고 있다.

NOTE

1) 군산 복합체란 군사 · 산업의 유지 발전을 위해 기업과 군대로 구성된 이익 추구 집단으로, 아이젠하워 대통령 퇴임 연설에서 처음 사용되었다고 한다.

2) 이 같이 세계 제패를 위한 제국주의 체제를 '팍스 아메리카나(Pax Americana)'라고 하며, 미국 지배에 의한 세계평화를 뜻한다. 실제로

소련 연방 해체(1991) 이후 걸프전, 유고내전 등에 개입하면서 정치적 영향력이 강해진 미국이 세계 자본주의 체제를 재편, 전 세계 자본·상품·노동의 자유로운 이동을 보장하는 대규모 메커니즘을 구축하여, 미국은 지구촌의 입법·사법·행정권을 모두 장악하게 되었다.

3) 미군의 해외 진출은 2차 세계대전과 함께 시작되었다. 해외 군사시설은 1938년 14곳이던 것이 7년 후 100개 국 3만여 곳으로 폭증했다. 2차 세계대전이 끝나고 해외 미군 기지는 대부분 당사국에 넘어갔지만, 냉전 시절 미국은 한국·일본·대만·호주 등 전략 요충국들과 협정을 통해 영구적 군사 기지를 설치했다. 한국의 경우 용산에 있던 미군 기지가 평택의 캠프 험프리스 기지로 이전 확장되고 있다.

참고자료 : 『전쟁중독』, 조엘 안드레아스 지음, 창해

『2010 국방백서』, 국방부

21
미국이라는 나라 ③

2001년 9월 11일 오전 9시부터 오후 5시 20분 사이

오사마 빈 라덴이 이끄는 이슬람 테러조직 알 카에다 등에 의해

항공기 납치 동시 다발 자살 테러로

뉴욕의 110층짜리 세계무역센터(WTC) 쌍둥이 빌딩이 무너지고,

워싱턴의 국방부 청사(펜타곤)가 공격을 받았다.

이름하여 '9 · 11 테러'[1]

2002년 1월 신년사에서 조지 부시 대통령은

테러를 지원하는 정권으로

이란, 이라크, 북한을 '악의 축'이라 일컬어

국제적 파장을 일으켰다.

악의 축(Axis of Evil)![2]

이 표현은 과거 이들 나라를

'불량국가(Rogue State)'라고 했던 것보다

극단적으로 대결 수위를 높이겠다는 뜻.

다시 말해 미국의 군사주의 노선을

한층 더 강화하겠다는 것.

그 후

2017년 1월 도널드 트럼프 대통령 취임 이후

연일 쏟아져 나오는

핵폭탄급

대외 경제 군사 정책.

북한의 중장거리 탄도 미사일

'북극성 2형' 시험 발사 후

"분명히 북한은 크고 큰 문제,

북한을 아주 강력히 다룰 것"이라는

트럼프 거론 후

끊임없이 제기되고 있는

북 선제 타격론.

그렇다면 왜 미국은 이처럼 군사주의 노선을 강화할까?

미국의 군사주의 노선 정책의 근간에는

사실상 세계 자본주의 경제체제

위기가 도사리고 있다.

미국 내 경기 침체와

이에 따른 미국의 세계 패권질서가 동요할 기미를 보이면서

미국 지배층들은 위기를 느끼기 시작했고

이 위기를 군사주의 노선으로 돌파하려 하는 것.[3]

강력한 군사력에 힘입어 유지된

미국 주도 신자유주의 시장경제 시스템,

곧 '세계화'가 군사적 폭력과 경제적 빈곤으로 한계에 직면하자
미국은 이에 대한 비판세력과 반대 국가를

다시 군사력으로 제압할 수밖에 없는 처지.

90년대 탈냉전 이후

세계 패권국가로 누려온 지위가 흔들리면서

그것을 계속 유지해야 할 미국으로서는

군사주의 노선을 끝없이 강화해야 한다는 것.

여기에 초거대국가 미국의 딜레마가 있다.

NOTE

1) 발생 일자를 따서 '9·11 테러 사건'이라고도 한다. 이 사건으로 세계 초강대국 미국은 순식간에 아수라장으로 바뀌었고, 세계 경제 중심부이자 미국 경제의 상징인 뉴욕은 하루아침에 공포의 도가니로 변하고 말았다. 미국의 자존심이 일거에 무너진 것은 차치하고, 이 세기의 대폭발 테러로 인해 90여 개 국 2800~3500여 명 무고한 사람이 생명을 잃었다. 사건이 일어나자마자 CNN 방송망을 타고 시시각각으로 사건 실황이 전 세계에 생중계되면서 세계 역시 경악하였다.

사건이 일어나자 부시(George W. Bush) 미국 대통령은 이 테러 사건을 '미국에 대한 명백한 테러 공격'으로 규정하는 한편, '21세기 첫 전쟁'으로 규정하였다. 이후 작전명을 '무한정 작전'으로 명명한 뒤 아프가니스탄에 대한 보복전쟁에 들어갔다. 미국과 영국은 아프가니스탄

에서 반 탈레반 정권인 과도정부를 수립함으로써 탈레반과 전쟁을 종결하였지만 전쟁 목표로 삼았던 빈 라덴과 그의 조직 알 카에다를 뿌리 뽑는 데는 실패하였다. 이후 미국은 '테러와의 전쟁'을 끝내지 않고 중동으로 눈을 돌려 2003년 3월 20일에는 이라크 전쟁을 일으켜 20일 만에 완전 함락시키고, 새로운 과도정부를 출범시키는 등 대 테러 전쟁을 계속하였다.

한편, 이 사건에 대해서는 미국 부시 정권이 벌인 자작극이라는 음모론도 제기되고 있다. 이 사건을 다룬 다큐멘터리 영화 〈루스 체인지 Loose Change〉에서는 펜타곤을 공격한 것이 민간 비행기가 아니라 미사일일 가능성이 높고, 세계무역센터 붕괴 원인은 비행기 충돌 때문이 아니라 미리 장착된 폭탄 때문이며, 비행기 공격을 받지 않은 건물 두 개가 건물이 무너진 지 7시간 뒤에 무너진 점 등에 대하여 의문을 제기하며 이 모두가 미국 정부의 치밀하고도 은밀한 계획하에 실행된 것이라고 주장한다. 또 미국 정부가 유대인 세력과 공모하여 테러에 대한 정보를 사전에 탐지하였음에도 고의로 이를 무시하고 테러를 방조하였다는 설도 있는데, 그 근거로 예기치 않은 테러 장면을 유대인이 장악한 방송사가 실시간으로 촬영하였고, 세계무역센터 임대 비율 20%를 차지하는 유대인 가운데 이 사건으로 사망한 사람은 한 명도 없으며, 사건 직후 아프가니스탄을 공습한 점 등을 들고 있다. 그러나 이 같은 음모론 가운데 확실히 규명된 것은 없다.

2) '악의 축(Axis of Evil)'이라는 표현은 역사적으로 두 개의 개념이 결합된 것이라고 할 수 있다. 제2차 세계대전 과정에서 나치 독일, 이태리 파시즘, 일본 제국주의 동맹을 주축국(Axis)이라고 불렀던 것과, 레이건 대통령이 구 소련을 '악의 제국(Empire of Evil)'이라고 했던 것

이 하나로 통합된 것이다. 둘 다 세계평화를 위협하는 존재라는 뜻과, 이들을 상대하는 선(善)의 대표자로서 미국이 유지하려는 세계적 패권의 정당성을 강조하는 개념이라고 하겠다.

3) 이 같은 움직임으로 국제적인 반발이 극심함에도 불구하고 군수산업에 막대한 영향을 미칠 미사일 방어망(MD) 추진 강행을 들 수 있다. 미국이 추진하는 MD 체제는 9 · 11 테러 이후 본격화 된 테러와의 전쟁과 북한 이란 등 미사일 실험을 명분으로, 미국 본토에 침투하는 탄도 미사일을 요격하는 데 그 목적이 있다.

참고자료 : [네이버 지식백과] 미국대폭발테러사건 [美國大爆發─事件] (두산백과)

22
테러

경쟁과 전쟁에 이어

평화를 방해하는 요소

테러.

테러(terror), 말 그대로 '공포'

온갖 폭력을 써서 남을 위협하거나 공포에 빠뜨리는 행위.

역사적으로 테러의 기원은

인류의 기원까지 거슬러 올라간다.

구약성서 「창세기」에 인류의 시조 아담이 나오는데,

아담의 큰아들은 카인, 작은아들은 아벨,

카인은 시기한 나머지 동생 아벨을 돌로 쳐 죽였다.

이것이 인류 역사상 첫 번째 살인

학자에 따라서는 카인을 최초 살인자, 테러리스트로 보기도 한다.

이후 인류가 집단사회를 이루면서부터

테러리즘[1]은 강한 자의 통치도구, 공포정치 수단으로

악용되어 왔다.

독일의 히틀러

이탈리아 무솔리니

그들에 의해 유태인, 공산주의자들에 가해진 잔혹한 박해,

그리고 세계 곳곳에서 저질러진

백색테러, 적색테러.[2]

이 같이 테러는

인류사와 더불어 시작되었는데

테러리즘은 혁명 · 반혁명 과정에서 발생하는 정치현상.

그렇다면 테러를 어떻게 정의할 수 있을까?

테러는

① 미리 계획된 고의적인 폭력 행위.

② 정치·경제·종교·문화의 이익을 위해 유발된 폭력 행위.

③ 군사 목표나 전투부대가 아닌 민간인을 공격 목표로 하는 행위.

④ 국가의 정규 군대가 아닌 국가보다 낮은 집단의 행위로 정의할 수 있다.

따라서 테러리즘은

'정치적 목적이나 동기가 있으며,

폭력 사용이나 위협이 따르고,

심리적 충격과 공포심을 일으키며,

소기의 목표나 요구를 관철시킨다.' 는 공통점을 지니고 있다.

그러나 오늘날 테러[3]는

이 같은 전통적 개념에서 벗어나

뚜렷한 목적 없이 불특정 다수를 공격하는

맹목적인 테러나

주요 기관 정보 시스템을 파괴하여 국가 기능을 마비시키는

사이버 테러 같은 신종 테러도 자주 발생한다.

NOTE

1) '테러리즘'이란 용어는 프랑스 혁명(1789) 당시 혁명 정부의 주역이었던 J.마라, G.J.당통, 로베스피에르 등이 공화파 집권정부의 혁명과업 수행을 위하여 왕권 복귀를 꾀하던 왕당파를 무자비하게 암살·고문·처형하는 등 공포정치를 자행하였던 사실에서 유래한다. 따라서 테러리즘은 단순한 개인적 암살이나 사적 단체에 의한 파괴 등이 아니고, 권력 자체에 의한 철저한 강력 지배, 혹은 혁명단체에 의한 대규모 반혁명에 대한 금압 등을 일컫는다.

2) 백색 테러는 극우 내지 우파의 정치적 목적 달성을 위해 암살, 파괴 따위를 수단으로 하는 테러이고, 적색 테러는 공산주의자들에 의해 저질러지는 테러이다.

3) 오늘날 테러에는 총기류, 폭탄, 항공기, 생화학 무기 등이 많이 사용되고, 테러의 주된 공격 형태는 폭탄 공격(bombing), 항공기 납치가 주 대상인 하이재킹(hijacking), 그리고 인질 납치(hostage seizures) 등이 있다. 현재 지구상에 존재하는 국제적 테러 조직은 약 950여 개로 추정되며, 이들 조직은 조직원끼리 네트워크를 이루어 적게는 수 명에서 많게는 수 만 명의 거대 조직까지 다양하다. 그 종류도 알카에다, 제마 이슬라미야, 아브 샤에프 그룹(ASG), 체첸 등 민족분리주의 조직(199개)과, 일본 옴진리교와 같은 극단적인 종교주의(122개), 공산주의 표방 조직(113개) 등이 있다.

참고자료 : 「적, 여성, 섹슈얼리티」, 엘리

23
폭력

'폭력'하면 떠오르는 말

신체적 공격, 불법적, 남의 자유 침해, 강제적, 힘, 공격성,

악의적, 약자(弱者), 손해, 파괴, 두려움, 박탈(빼앗김), 침묵,

비폭력…

공격적 행동에서 비롯되는 이 같은 폭력에는

① 직접적 폭력 – 신체적 피해, 인명 손상, 관계 단절을 가져옴.

② 구조적 폭력 – 한 사회의 정치 · 사회 · 경제 그리고 환경적인 구조가 사람들에게 부정적인 영향을 미쳐 폭력을 유발하는 것. 가장 낮은 단계인 하층 계급 사람들이 구조적 폭력의 가장 큰 피해자가 되며, 지속적으로 보이지 않게 행하여진다.

③ 문화적 폭력 – 신념 · 가치 · 문화 · 사상 · 언어 · 예술 · 종교 등이 영향을 미쳐 어떤 특정한 국가, 인종, 민족, 성, 계층, 종교의 사람

들이 더 우월하다고 생각하게 되는 경향에서 오는 폭력 등이 있다.

또 국가에 의해 저질러지는 국가폭력[1]

가정에서 발생하는 가정폭력[2]

학교폭력,

성폭력,

아동폭력, 등이 있는데

인간의 신체적 정신적 영역을 파괴한다는 점에서

폭력은 평화를 저해하는 가장 심각한 요소다.

여기서 한 가지

인간의 폭력성은 선천적으로 주어진 것일까?

세상 많은 사람들이

어떤 영향력을 행사하는 데 가장 효과적인 방법이

폭력과 폭력적 위협이라고 믿는다.

그렇다면 인간의 폭력성은 선천적인 것일까,

후천적으로 습득되는 것일까?

이에 대해 미국의 사회학자 그로스맨은

폭력을 후천적으로 습득된 행동양식으로 본다.

자기 방어 행동이나 치명적이지 않은 공격성은
인간 본능이지만,
인명을 손상할 수 있는 치명적 폭력(살인 등)은
인간 본능에 어긋난다는 것.

결국 TV, 비디오, 오락, 게임,
인터넷 등 폭력성이
사람들로 하여금 폭력적 행동에
둔감하게 한다는 것.

국가권력 구조가 평화구조로 바뀌지 않는 한
국가폭력이 사라지지 않듯,

사회에 만연해 있는 폭력성이 개선되지 않는 한
개인의 폭력성도 사라지지 않는다는 것.

대화와 협상과 타협과 절충이 있지만
이 모든 것을 무시한 채 힘의 논리에 의해
문제를 해결하려 할 때
인간은 폭력적이 된다.

NOTE

1) 국가폭력이란 지배에 필요한 법과 제도, 물리적 장치(경찰, 군대 등), 이데올로기적 장치(여론, 교육) 등을 이용해 국가가 행사하는 폭력을 말한다. 이 과정에서 지배세력에 저항하는 사람은 구속 · 협박 · 감시 등 신체에 위해를 당하거나 정신적 고통을 당하게 되고, 심한 경우 사망에 이르기도 한다.

2) 가정폭력은 가족 구성원 간에 상해, 유기(내다버림), 폭행, 학대, 감금, 모욕, 협박 등으로 신체적 정신적 재산상 피해를 가져오는 행위이다. 가정폭력의 유형은,

① 신체적 폭력 : 밀치거나 주먹으로 때리고 발로 차기, 가재도구와 가구 부수기, 물건을 집어던지고 흉기로 위협하거나 폭행, 머리채를 잡아끌거나 목을 조르기, 속박, 감금, 신체적 고통을 주는 고문 같은 행위.

② 심리적 폭력

● 정서적 폭력 : 두려움, 불안, 공포로 몰아넣는 행위, 잠을 못 자게 하고 괴롭히기, 가족이나 친구로부터 고립시키기, 무시하거나 사람들 앞에서 창피주기, 협박 등.

● 경제적 폭력 : 강제적으로 돈과 재산을 가져가거나 통제하기, 일을 못하게 하고 경제권을 남편이 통제, 관리하는 행위 등.

● 언어적 폭력 : 경멸하는 말투로 모욕감을 주기, 열등하고 무능력하다고 비난하는 행위, 큰소리로 소리 지르거나 강압적으로 말하는 행위 등.

③ 성적 폭력 : 원치 않는 성적 행동을 강요하는 행위, 폭행 후 강제로 하는 행위, 물건이나 흉기를 사용하고 협박하는 행위 등이 있으

며 예전에는 가정폭력을 가정 일로 여겨 무관심했으나, 오늘날에는 지속적이고 반복적으로 일어나는 사회적 범죄로 여겨 가정폭력이 발생할 경우 가까운 경찰서나 긴급전화 1,366으로 신고하면 해결에 도움을 받을 수 있다.

참고자료 : 「인간의 마음 : '우리는 왜 폭력을 즐기는가'」, 이재영

24

종교와 종족 분쟁

저마다 '사랑과 평화'를 부르짖는 종교.

으뜸[宗] 가는 가르침[敎]이라는 뜻의 종교.

기독교, 불교, 이슬람교, 유교 등

신성하거나 거룩하거나 영적이며 신적인 것과

인간과의 관계를 나타내는

종교.

그러나 종교는 다른 사회제도가 그렇듯이

악기능도 있어

종교 간 분쟁은 인류 역사에 끊이지 않았고[1]

현대에 와서도 1990년 냉전이 끝난 이후

본격적인 분쟁 원인이 되고 있다.

중세 유럽에서 기독교가 종교 전쟁의 중심에 있었다면

오늘날은 이슬람교를 중심으로 기독교, 불교, 힌두교 등
다양한 종교가 분쟁에 얽혀 있다.

시리아, 케냐, 나이지리아, 이집트, 인도, 미얀마, 스리랑카 등
중동과 아프리카 동남아시아를 중심으로
유혈사태를 동반하는 종교 분쟁이 끊이질 않고 있다.

그래서인지 종교학자 찰스 킴볼(Charles Kimball)은
종교의 타락을 경고하는 다섯 가지 징후로
① 절대적 진리 주장
② 맹목적인 복종
③ 이상세계 도래 선언

④ 목적을 위한 수단의 정당화

⑤ 성전(聖戰) 선포를 꼽았다.

그러니까 문제는 '원리주의' '근본주의' 라는 것.

교리에만 충실한 나머지 경전 내용을 문자 그대로 지키고

따르기만 하는 원리주의[2]는

종교 간 충돌을 불러올 수밖에 없고

그 시대 정치 경제 이데올로기와 결합하여

사회 · 문화적 현상으로 나타난다는 것.

원래 종교는 사람을 위해 존재하는 것이지

사람이 종교를 위해 존재하는 것은 아니다.

자기 종교가 중요하듯

다른 사람 종교도 중요함을 인정하고

다른 종교의 가르침이라도 삶에 도움을 주는 지혜라면

배우려는 자세가 필요할 텐데,

자기 종교만 옳다는 신념으로

다른 종교와 갈등을 일으키고, 세력을 넓히려는 사람들

종교를 이용해 재산을 모으거나 권력을 누리려는 사람들,

이들에 의해 종교의 참뜻은 왜곡되어

관용과 사랑과 용서와 자비 평화의 가치를 길러 주는

종교의 참된 역할이 망가지고 있다.

그리하여 지금도 세계 도처에서 종교 분쟁이 일어나

막대한 인명과 재산 손실이 일어나고 있다는 것.

그러나 평화를 저해하는 것은 종교 분쟁뿐만이 아니다.

그에 못지않은 종족 갈등.

종족 갈등은 아프리카 지역을 중심으로

식민 통치가 길러낸 필연적 결과[3]

쿠테타와 집권 학살로 이어지는

피의 내전이 오늘도 계속되고 있다.

NOTE

1) 인류 역사 속 대표적인 종교 전쟁으로 '십자군 전쟁'과 '30년 전쟁'을 들 수 있다. 11세기 말에서 13세기 말 사이 200여 년에 걸쳐 벌어진 십자군 전쟁은 서유럽의 그리스도 교도들이 성지 팔레스티나와 성도 예루살렘을 무슬림(회교도)들로부터 탈환하기 위해 전후 8회에 걸쳐 감행한 전쟁으로 이면에는 유럽의 중동 진출과 아랍인이 장악하고 있는

무역권을 빼앗기 위한 목적도 있었다. 또한 중세시대 기독교 신교와 구교의 갈등으로 촉발된 '30년 전쟁(1618~1648년)'은 기독교 내 유혈 전쟁의 끝장 판이라 할 만큼 유럽 전역을 피로 물들였다.

2) 기독교 원리주의하면 보통 이슬람을 떠올리지만, 이슬람보다 그 강도로 따지면 미국의 기독교 원리주의가 그 이상으로 막강하고 위험하다. 기독교 원리주의는 오늘날 미국 사회 내부에 깊숙이 스며들어 있을 뿐만 아니라, 한국의 개신교가 미국을 통해 들어오면서 기독교 원리주의까지 들어와 한국에서도 광신도적인 기독교 신자들을 양산해 냈다.

미국의 기독교 원리주의는 미국의 군사주의와 우월주의, 그리고 예외주의와 결합하여 미국 군사 패권주의를 강화하는 역할을 하고 있다. 오늘날 미국은 세계를 철저히 선과 악의 이분법적 대결구조로 보면서 "악을 제거하라"는 신의 명령을 받은 미국과, 미국을 따르는 나라는 선이요 나머지는 악이라는 극단적 세계관도 기독교 원리주의에 기초한 것이다.

3) 아프리카에서 일어나고 있는 종족 분쟁 원인은 다음과 같다.
① 외적요인 : 식민 통치로 그어진 국경선이 종족 분쟁의 발단이 되었다. 아프리카 국경선은 19세기 말 유럽 열강이 경쟁적으로 세력을 확장하던 식민 정책의 산물이다. 유럽 열강의 침략이 있기 전까지만 해도 아프리카는 이집트와 몇몇 나라들을 제외하고는 영토 개념 없이 수천 년 동안 종족 단위로 사회를 형성하고 살아왔다. 이런 아프리카에 당시 유럽 열강은 아프리카 자원 침탈을 목적으로 유럽 제국의 역학관계와 행정 편의만을 생각하여 국토를 나누었다.(아프리카 여러 나라

국경선이 자로 선을 그은 듯 반듯반듯한 것은 그런 이유 때문임) 이렇게 유럽 열강이 인위적으로 그어 놓은 국경선은 아프리카의 수많은 종족 사회를 뿌리까지 흔들어 놓은 계기가 되었다.

② 내적요인 : 아프리카 사람들은 종족이 유일한 공동체이다. 따라서 타 종족은 경계 대상일 뿐이다. 유럽이나 아시아가 오랜 역사를 통해 민족 동질성을 바탕으로 국가가 형성되었다면, 아프리카는 공동체를 이루는 유일한 단위가 종족이다. 아프리카에는 수천에 달하는 종족들이 살고 있다. 그들에게 국가와 민족 개념은 추상적인 것이다. 이러한 점에서 종족 사회는 사회 구성원들 사이에 강한 연대감을 가진다. 반대로 혈통이 다른 종족에 대해서는 경쟁심과 배타적인 감정을 품는다. 유럽 열강은 아프리카 식민지를 분할할 당시 효과적인 통치 수단으로 다른 종족에 대해 배타적인 종족 중심의 사회 구조를 철저히 이용했다. 그 후 아프리카 국가들이 독립하던 1960년대 초에도 이 같은 방식을 적용해 독립시켰다. 곧 다수 종족의 우두머리를 독립 정권의 허수아비로 내세워 식민 통치를 계속 유지하려 했던 것이다.

유럽 열강이 떠난 후 아프리카 종족정치는 히틀러와 같이 종족 번영을 위해 다른 종족을 무차별적으로 학살하는 독재자들을 양산해 냈다. 우간다의 이디아민, 중앙아프리카공화국의 보사카, 콩고민주공화국(구자이르)의 모부투, 에티오피아의 멩기스투 등이 대표적 인물로, 이들 독재자들은 쿠데타를 통해 정권을 잡은 후 학살자로 돌변, 타 종족에 대해 학살을 감행하고 있다.

리틀 보이(Little boy)와

팻맨(Fat man)

'꼬맹이'와 '뚱뚱이'라는 애칭으로 불린

이것은 무엇일까.

리틀보이

팻맨

1945년 8월 6일 오전 8시 15분

히로시마 상공 550m에 원자폭탄 '리틀 보이'가 터졌다.

그로부터 3일 후인 8월 9일 오전 11시 2분

나가사키 상공에 '팻맨'이 터졌다.[1]

길이 3m, 지름 71cm, 무게 4톤

U-235로 만들어진 리틀 보이 폭발력은

약 2만 톤.

당시 히로시마 인구 34만 명 중 절반에 가까운

14만 명이 사망했다.

섬광과

수만 도의 고열, 화재로

사람과 가축의 살이

전자레인지에 돌린 치즈처럼

녹아내렸고,

선폭풍과 후폭풍으로[2)]

집과 건물은 잿더미

그 후 검은 비

방사선 낙진[3)]이 쏟아져 내렸다.

미국의

일본에 대한 원폭 투하는

당시 조선인에게도 엄청난 피해를 입혔다.

강제동원으로 일본에 끌려가

원폭 피해를 당한 조선인 1세대는 7만여 명으로 추산된다.

그중 4만여 명이 피폭으로 사망했고

조선으로 돌아온 2만 3천여 명도

(그 중 2천여 명은 북으로 돌아감)

이후 하나둘 세상을 떴다.

피폭의 끔찍함은 후유증이 당사자를 넘어

2〜3대까지도 이어진다는 것.[4]

신체장애에 의한 노동력 상실과 소득 저하

가정 해체 및 결손 가정으로 인한 아동 · 부녀 문제, 질병 후유증과

유전적 영향에 대한 두려움 등이

생활 전반에 파급되고 있다.

NOTE

1) 나가사키 원폭 투하는 원래 기타큐슈가 예정지였으나 전날 미군 공습으로 인한 연기와 기상 악화로 폭격기 조종사인 찰스 스위니 소령이 제2후보지였던 나가사키로 가게 되면서 이루어졌다. 폭탄의 위력은 히로시마에 투하된 것보다 약간 더 강했으나, 나가사키 지형이 험해 사망자 7만 4천여 명, 부상자 7만 5천여 명, 불에 타 무너진 건물이 1만 3천여 동 피해를 입혔다.

2) 선폭풍은 말 그대로 원자폭탄이 터지는 순간 형성되는 폭풍인데, 신공 상태인 원심시가 형성되어 이 속으로 건물 차량 사람 등이 빨려 들어 가며, 후폭풍은 선폭풍으로 형성된 진공상태를 채우기 위해 이루어지는 폭풍으로 돌멩이나 금속자재 유리 등이 총알처럼 날아간다.

3) 방사선 낙진이란 원자로 사고나 원폭 실험 핵폭탄 투하 등에 의해 핵폭발이 일어나면, 폭발력에 의해 다량의 분진(먼지)가 하늘로 치솟는데, 이 분진에 다량의 방사성원소가 섞이게 되어 떨어지는 것을 말한다. 방사선에 노출되면 신체에 암 등 치명적 손상을 입으며 유전자 변형을 일으켜 기형아를 출산하기도 한다.

4) 현재 '한국원폭피해자협회'에 등록된 직접 피해자는 2670명이며, 2세 피해자는 7500여 명으로 추정된다. 2~3세대의 피해는 건강을 비롯해 사회적 차별과 가난, 정신적 트라우마와 가정불화 등 다양한 형태로 대물림되고 있는데, 이들은 원폭 피해자라는 사실조차 인정받지 못하고 있다. 2002년 최초로 선천성면역글로불리결핍증을 앓던 고 김형률씨(1970~2005, 그에 관한 평전 『삶은 계속 되어야 한다』(전진성

지음, 휴머니스트가 있음.)에 의해 '원폭2세 환우'의 존재가 알려졌다. 김씨 이후 많은 원폭 2세들이 자신의 원인 모를 병이 원폭 후유증임을 깨달았고, '한국원폭2세환우회'를 결성, 고통을 알리고 있다.

참고자료 :「히로시마, 체르노빌, 후쿠시마를 넘어」, 정경란

도대체 각 나라는

왜 그렇게 핵무기를 갖기 위해 안간힘일까?

그것은 핵이 현재까지 지상에서

가장 뛰어난 살상무기이기 때문.

핵폭탄에는 원자폭탄과 수소폭탄이 있는데[1]

현재 보유된 핵무기 위력으로

지구를 수십 번 파괴하고도 남는다.

전 세계에는 4만~5만 개 핵탄두가 비축되어 있으며

그 모든 위력을 합치면

히로시마형 원자폭탄 100만 개에 해당한다.

미국, 중국, 러시아를 비롯해

핵무기를 보유하고 있는 나라는 10여 개 국가

이 가운데 '핵확산금지조약(NPT)'에 가입되어 있는 나라는

미국, 영국, 프랑스, 중국, 러시아 5개국.[2]

이 가운데 세계 최고 핵강대국은 역시 미국과 러시아.

소련이 붕괴된 후

1991년 미국과 러시아는

전략 핵무기 감축협정(STMART)을 체결하고

핵탄두를 줄여 가기로 약속

현재 핵탄두는

미국에 7100기, 러시아에 7300기로

전 세계 90%가 집중되어 있다.

그 후 25년

미 · 러는 핵 없는 세계를 위해

신뢰를 바탕으로 핵정책을 펴 왔지만,

그리하여 미국의 오바마 대통령이

원폭 투하지인 일본 히로시마 방문까지 이어졌지만

두 나라 간 핵무기 정책 약속은

2016년 10월 러시아의 푸틴이 먼저 깼다.

"미국이 러시아에 비우호적으로 행동해

전략적 위협이 생겼다."며

핵무기 강화를 언급했기 때문.

푸틴 발언에

미국의 트럼프도 즉각 응수,

"세계가 핵무기에 대한 분별력을 갖게 될 때까지

미국은 핵 능력을 크게 확장하고 강화해야 한다."라고 하여

미 · 러 간 핵무기 경쟁이 되살아날 조짐을 보이고 있다.

미 · 러뿐 아니라 북한도

연일 핵무기 개발에 박차를 가하는데

핵은 인류를 공멸에 몰아넣는 살상 무기.

핵은 한번 개발하면 언젠가 사용한다는 점에서 심각한데

핵무기와 함께 인류 평화를 위협하는 것은

원자력발전소 사고

미국의 드리마일 발전소 사고(1979년 3월)

소련의 체르노빌 발전소 사고(1986년 4월)

일본의 후쿠시마 발전소 사고(2011년 3월)

축복과 재앙을 동시에 품고 있다는 원자력발전소

고리, 월성, 영광, 경주, 울진 등

현재 우리나라에 가동되고 있는 원자력 발전소는 20기,

5기는 건설 중.

체르노빌과 후쿠시마 사고 이후

핵발전소 위험성이 심각하게 제기되어

독일, 이태리, 스위스 등

선진국들이 탈핵 발전정책으로 선회하고 있는데

우리나라는 오히려 2024년까지 현재 20기인 핵발전소를

34기로 확대, 전력수급 비중을 35%에서

59%로 확대하려 하고 있다.

NOTE

1) 원자폭탄에는 우라늄235를 사용해서 만드는 우라늄 원자폭탄과, 플루토늄239를 사용해서 만드는 플루토늄 폭탄이 있다. 우라늄235는 자연 상태 우라늄 원석(우라늄238이 99.3%)을 원심 분리기로 분리하여 우라늄235를 90% 이상 농축시켜야 원자폭탄에 사용 가능하다. 한편 플루토늄은 자연 상태에 존재하지 않는 물질이므로, 반드시 우라늄 핵분열을 거친 후 거기서 나오는 찌꺼기에서 핵재처리 시설을 통해서 얻어야 한다. 즉, 우라늄 원폭은 원심 분리기가 반드시 있어야 하고, 플루토늄 원폭은 핵재처리 시설이 반드시 있어야 만들 수 있다.

한편 수소폭탄은 원자폭탄이 핵분열 원리를 이용해 만드는 것이라면, 수소폭탄은 수소 원자가 서로 결합되는 과정에서 나오는 열을 이용(핵융합 원리)해 만든다. 수소폭탄에는 중성자탄, 3F 폭탄, 코발트 폭탄 등 변종이 많으며, 수소폭탄 개발은 1950년 미국에서 먼저 시작되었다. 1952년 11월 1일 오전 7시15분 세계 최초 수소폭탄 실험이 마샬군도에서 있었으며, '마이크'로 명명된 수소폭탄 1호는 히로시마에 투하된 원자폭탄 500배를 넘어서는 TNT 화약 1000만 톤의 폭발력을 보였다.

2) 2013년 6월 '스톡홀름국제평화연구소'에서 발표한 자료에 따르면 세계에서 가장 핵무기를 많이 보유하고 있는 국가는 다음 8개국이다.

순위	국가	2013년 5월 기준 전체 핵탄두	즉각 발사할 수 있는 실전에 배치된 핵탄두
1	러시아	8500기	1800기
2	미국	7700기	2150기
3	프랑스	300기	290기

순위	국가	2013년 5월 기준 전체 핵탄두	즉각 발사할 수 있는 실전에 배치된 핵탄두
4	중국	250기	불명
5	영국	225기	160기
6	파키스탄	100-120기	불명
7	인도	90-110기	불명
8	이스라엘	80기	불명

(이란과 북한은 핵 프로그램이 아직 초기 수준이라서 핵보유국에 포함시키지 않음.)

또 이들 국가가 그동안 해온 핵실험은 1945년부터 1996년까지 미국은 1030회, 구소련은 715회, 영국은 45회, 프랑스 210회, 중국은 45회 핵실험을 한 것으로 드러났고, 이후 1998년에 인도와 파키스탄이 핵보유국 대열에 들어서면서 핵실험을 실시했다. 또한 1970년 핵확산금지조약이 있은 후에도 670건이나 되는 핵실험이 실시되었다.

참고자료 : 「세계 핵 실험의 역사」, 다음백과사전

「스톡홀름국제평화문제연구소가 2013년 6월 3일 발표한

핵무기 보유 국가」, 다음사이트

27
군사문화

지금까지 평화를 저해하는 요인으로 이야기한

경쟁, 전쟁, 미국의 호전성, 테러, 폭력, 종교와 종족 분쟁,

핵 문제는 전 세계적으로 벌어지고 있는 일반적 이야기였다면

지금부터 이야기하려는 군사문화와 반공주의는

우리나라에 특히 두드러지게 나타나는 문제라는 것.

우선 '군사문화'

분단 이후 한국사회를 지배하는 절대 가치는

'국가 안보'

국가 안보는 우리를 위협하는 '적'을 상정하게 되고

그 적을 정복해야 한다는 이원화 된 사유체계를 바탕으로 한다.

개인의 안보는 국가에 의해 결정되며

민족국가 존망은 군사력에 의해 결정된다는 것.

그리고 그러한 사유가 생활화 되어 나타나는 것이 군사문화.

일상에서 무심코 쓰는 말

오늘은 내가 쏠게, 총대 멜 사람, 군기가 빠졌구만,

지원사격, 확인사살, 하면 된다, 쫄, 쫄다구,

상명하복, 까라면 까… 등

그리고,

조금만 주의 깊게 살펴보면

전국 곳곳에 들어서 있는 군사기지, 군사시설

그 주변에서 벌어지는 매매춘 문화, 폭력, 각종 범죄.

심지어 학교에까지 들어와 있는

두발규제, 복장규제, 지시문화

극기 훈련이란 이름으로 행하여지는

각종 병영문화 캠프.

군사문화는 남자는 강해야 하며 힘의 논리에 의해

성공해야 한다는 가부장적 남성성을 강화한다.

국가 안보가 절대적인 사회에서 남성은

보호자로서 역할을 부여받는다.

곧 남자는 군대에 가 국가를 지키고

결혼 후에는 가정을 지켜야 한다는 것.

이는 가정이 곧 국가요, 효도가 곧 충성이라는 것인데

가정과 국가가 일원화 된 사회일수록

시민의 자율성과 자유는 제한될 수밖에 없다.

또한 군사문화가 지배하는 사회에서 남성은 보호자로서

여성이나 아동을 통제할 수 있다는 의식이 자연스럽게 생겨나고,

이는 남아선호, 성차별이라는

봉건의식을 강화하는 형태로 나타난다.

가정이나 직장에서 흔히 발생하는

성차별, 남아선호가 유독 우리 사회에 심한 것도

군사문화가 일상 속에 뿌리 깊이 스며 있기 때문.

군사문화는 평시에도 군대 혹은 병영 생활에 필요한

통제된 질서를 요구하여

개인의 자유를 제한하고

국가주의 혹은 전체주의 같은 맹목적 애국심을 요구한다.

군사문화, 일제 강점기 군국주의 잔재이자

독재정권이 남긴 일그러진 생활문화.

참고자료 : 「평화를 재사유하기 위해 : 민족, 국가안보, 남성성」,

김엘리, 한들출판사

「일상에서 평화 만들기 : 여성이 만드는 평화와 인권」, 김숙임

28

반공주의, 종북

분단국가에서 절대가치는 '국가 안보'

그로 인해 군사문화만큼이나

일상에 스며들어 있는 반공주의.

요즘엔 직접 눈에 띄지 않지만

불과 얼마전까지

버스, 지하철 등 대중교통 한쪽을 어김없이 장식했던

국정원 대공 포스터.

오늘도 '듣고 보고 신고하자'며

사람들을 다그쳤다.

이뿐만이 아니다.

곳곳에서 찾아볼 수 있던 반공 표어판과

수상한 사람 신고하라는 지하철 방송까지.

반공 표어는

자판기 컵, 각종 입장권, 목욕탕, 공용 화장실 등

생활 곳곳에서 흔히 발견되었다.

"혼란 속에 간첩오고 안정 속에 번영온다."

"설마 하는 방심 속에 불순분자 스며든다."

"너와 나의 방심 속에 무너지는 국가안보."

"흔들리는 안보정신 경제불안 사회불안."[1)]

이 같은 대공 포스터와 반공 표어는 단순히

간첩 잡을 목적으로만 만들어진 것이 아니며

시민들에게 반공의식을 내면화하고

감시와 통제를 일상화하는

교육적 성격을 띠고 있다.

또한 반공 표어는 끊임없이 불안의식을 심어 주면서[2]

개인에게 좌경·용공 혐의나 오해를 받지 않도록

항상 자기검열에 힘쓰고

서로 감시하라는 정치적 암시를 준다.

이러한 반공주의는 최근[3]

'종북'이라는 말로 바뀌어

종북 = 빨갱이,

보수세력이 자기들 마음에 들지 않으면

사람들을 배제하고 고립시키는 데 사용된다.

북한을 추종한다는 원래 의미의 종북(從北)이

다양한 사회 이슈에서

종북 덧씌우기가 이루어져

아무 곳에나 종북.

보수세력 마음에 들지 않으면

모조리 종북.

● 경향신문, 2016. 10. 17

종북, 종북

종북, 종북

무슨 새 울음소리도 아니고

귀신 씨나락 까먹는 소리도 아니게 되어

종북 딱지 붙이기도

허접스럽게 되었다.

NOTE

1) 10대 반공 표어에는 이것 말고도

① 의심나면 다시 보고 수상하면 신고하자

② 국가발전 가로막는 용공책동 분쇄하자

③ 간첩은 표시 없다 너도나도 살펴보자

④ 한순간의 좌경사상 후손에게 눈물 된다

⑤ 사회혼란 조장하는 불온문서 신고하자

⑥ 좌익폭력 사회혼란 북한오판 초래한다, 등이 있다.

2) 한국 반공주의에 대한 연구를 진행한 바 있는 대전대 권혁범 교수 (정치외교)는 "전국적으로 평균 약 5~7km마다 반공 표어판을 발견할 수 있었다는 점을 고려하면, 도로변에 있는 반공 표어판만 해도 수십만 개를 넘을 것"이라고 추산했다.

권 교수는 "북한을 적으로 설정하고 있는 분단국가에서 과거에는 간첩에 대해서 경계나 신고의식을 시민들에게 강제하는 측면이 있긴 했지만, 실질적인 기능은 시민들 권리나 사상의 자유를 억압하는 것이었다"고 말했다. 그리고 "이는 권력 집단의 질서를 벗어나려는 모든 시도를 하지 말라고 사람들에게 경고하는 것이고, 읽는 사람들도 이런 암시를 받게 된다"는 것이 권 교수의 설명이다. 예를 들어 '민주위장

좌익세력 다시 보고 신고하자' '혼란 속에 간첩오고 안정 속에 번영 온다'는 표어 속에서 정권의 모순에 대한 저항은 불순책동, 사회혼란 행위, 북한의 도발 위험과 동일시 되고, 이는 자동적으로 그것들에 대한 대항정서 즉 질서, 안보, 단결을 동경하는 심리를 만들어낸다는 것이다. 이러한 매커니즘을 통해 대공 포스터와 반공 표어로 대변되는 반공주의는 한국 사회 대다수 구성원들을 지배적 규범 지키기 감시자로 만들었다.

권 교수는 "북한에 김일성 동상이 3만 5천 개라는 사실도 시대 착오적이지만 남한에 수십만 개의 반공 표어도 시대 착오"이라며 "적어도 민주화 이후 남북 화해로 가는 과정에서 이를 국가가 만들어 내고 강제하는 사회를 건강하다고 할 수 없다"고 비판했다.

3) 김보근 한겨레 평화연구소장이 네이버 뉴스 검색어에서 종북이라는 키워드로 1995년부터 2015년까지 조사한 결과를 보면, 2007년 44건, 2008년 803건, 2010년 1만 6811건, 2014년 6만 8833건으로 집계되었다. 김소장은 "박근혜 정부가 출범한 2013년부터 종북이라는 말의 사용이 기하급수적으로 늘어나고 있다"고 말했다. - 경향신문 (2015. 11. 24)

참고자료 : 『우리 안의 파시즘』, 임지현 외, 삼인

『일상에서 평화 만들기 : 여성이 만드는 평화와 인권』, 김숙임

29

감시와 통제

태어남과 동시에 모든 국민에게 부여되며

평생 변하지 않고 개인을 규정하는 번호

주민등록번호.

13자리 주민등록번호에는

개인 나이, 생일, 성별, 출생지역 정보가 고스란히 담겨 있어

누구나 주민번호만으로도

개인에 대한 많은 정보를 확인할 수 있다.[1]

현행 주민등록 제도의 시작은

일제시대까지 거슬러 올라간다.[2]

1962년 5월 주민등록법이 제정된 이후

1968년 주민등록법 1차 개정이 이루어지면서

주민등록증이 도입되었고

그해 말까지 발급 대상자 1500만 명에게

지문 날인[3]과 함께 주민등록번호가 적힌 주민증이 발급되었다.

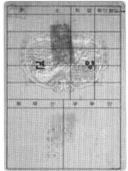

그 후 1980년 신군부에 의해

대한민국 사람은 누구나 국가 신분증인 주민등록증을

소지할 의무가 부과되었다.

이로써 사람들은 불심검문을 당연하게 생각하고

자기 존재를 증명하지 않으면 누구나

간첩이나 불순분자로 낙인찍히게 되었다.

국가에 대해

자기 존재가 문제없음을 증명해야 하는 사회

감시와 통제가 일상이 되어 버린 사회.

오늘날

국민을 감시하고 통제하는 것으로는

주민증과 주민번호만 있는 것이 아니다.

도처에 널려 있는 CCTV(closed-circuit television)[4]

학교 폭력이나 범죄 예방을 위한다는 명목으로

CCTV 설치가 늘어나는 추세.

시내버스, 택시, 엘리베이터, 사무실, 복도, 도로, 거리….

어느 곳에도 CCTV 없는 곳이 없으며,

페이스북, 카카오톡, 트위터 등 SNS를 통해

이제는 오히려 자발적으로 자기 정보를 올리고 공유하며

GPS 위성추적장치[5]에 의해 일거수일투족이

실시간으로 파악되고 있다.

NOTE

1) 우리나라 사람들은 일상생활에서 아무 규제 없이 주민등록번호를 무분별하게 쓰고 있어 항상 프라이버시를 침해당하고 있다. 이렇게 위험하고 반인권적인 신분 등록번호가 쓰이고 있는 나라는 지구상에 오직 우리나라뿐이다. 특히 현재 주민등록번호 성별 표기의 숫자 부여 방식이 남성=1, 여성=2로 되어 있는 것은 남성이 먼저, 여성이 다음이라는 성차별적 인습과 성역할의 고정을 의미한다. 얼마 전 여성부는 남녀 공학 출석부 번호를 남학생 이후에 여학생을 배치하는 것이 차별이라고 시정 권고한 바 있다. 하물며 모든 국민에게 평생 동안 변하지 않고 주어지는 주민등록번호 상의 차별은 즉각 폐지되어야 마땅하다. 아울러 현행 주민등록번호는 선택적으로 부여받고 변경할 수 있는 무의미한 일련번호로 대체되어야 하고, 주민등록번호에서 성별 구분은 즉각 폐지되어야 하며, 장기적으로 주민등록법과 호적법으로 구성된 국가 신분등록 제도 전반을 개인 인권을 최대한 보장할 수 있도록 대폭 개선해야 한다.

2) 태평양 전쟁 당시(1942) 일제는 전쟁에 동원할 물자와 인력을 철저하게 관리하고 통제하기 위해 '조선기류령'이라는 식민지 통제 정책을 시행하였다. 이후 만주에서 일본군 장교로 근무한 박정희가 5·16 쿠데타로 군사 독재정권을 세운 후, 1962년 1월 '조선기류령'을 모태로 한 '기류법'을 제정하였고, 그해 5월 기류법을 폐지하고 모든 대한민국 국민을 대상으로 하는 주민등록법을 제정했다.

3) 지문 날인이 더해진 것은 김신조 등 북한 무장간첩 침투조가 남파된 1968년 일이었다. 지문 날인은 인구 동향을 파악하고 간첩을 색출

한다는 명분으로 전 국민을 대상으로 시작된 것이다. 처음에는 강제가 아니었지만 1970년부터 본격적으로 강제 실시되어 오늘날까지 시행하고 있다. 1999년 한 시민이 경찰의 임의적인 컴퓨터 입력에 위헌소송을 제기하였지만 헌법재판소는 "치안 등 공익의 목적이 인권 침해보다 앞선다."는 내용으로 합헌 판결을 내렸다.

4) 2010년 국가인권위원회 보고서에 따르면 서울과 수도권 거주자는 하루 평균 83.1 차례 CCTV에 찍힌다. 또한 한국은 전국에 약 450만 대 CCTV가 설치되어 있어 영국과 함께 전 세계에서 가장 많이 설치된 국가로 꼽힌다.

5) GPS는 'Global Positioning System'의 줄임말로, 위성항법장치라고도 부른다. 1970년대 초 미국 국방부가 지구 상에 있는 물체의 위치를 측정하기 위해 만든 군사용 시스템이었으나 오늘날에는 미 의회 승인을 거쳐 민간 부문에서도 사용되고 있다.
GPS를 이용하면 위치와 시간정보를 얻을 수 있다. 24개의 GPS 위성이 서로 다른 궤도로 지구 대기권을 계속 회전하고 있는데, 이는 지구 상 어느 시간 어느 곳에서도 4개 이상의 위성신호를 얻을 수 있도록 하기 위함이다.
GPS 위치측정 데이터는 군사용으로 사용되는 PPS인 경우에는 50미터 이내, 민간에 제공되고 있는 SPS는 200미터 이내의 오차범위를 가진다. 민간 부문에 사용될 때는 정확도를 고의적으로 떨어뜨려 서비스하고 있다. 이러한 오차를 보정하는 방법으로 특정 위치의 좌표 값과 그곳의 측정값과의 차이를 이용하여 보정된 데이터를 반영하는 DGPS가 사용된다. 2000년 GPS 신호에서 고의오차신호를 제거함으로써 정확도가 크게 향상되어 오차 범위가 10미터 이내로 되었다.

2002년 11월에는 국내 측량전문회사가 '이동 지도제작 시스템'을 개발
해 시속 80킬로미터로 달리는 차량에서 측정한 지형지물과 시설물을
오차 50센티미터 이내의 정확한 좌표로 표시해 지도를 만들 수 있다고
발표했다. 이 시스템은 차량에 GPS와 INS(관성항법장치)를 달고 길을
달리면서 카메라가 포착한 영상을 지도로 바꾸는 장치다. 2009년 국토
해양부의 발표에는 첨단위성항법사무소를 준공하고, 우리나라 전 해
상과 내륙지역에 GPS 오차를 30미터에서 1미터로 보정하여 정밀한 위
치정보를 제공하게 되었다고 밝혔다.

주로 비행기, 선박, 차량의 항법장치에 GIS와 함께 GPS가 사용되고 있
으며, 사람들이나 차량 등 이동 체의 위치를 파악하는 데에도 사용된
다. 또한 개인휴대용 GPS 수신기가 개발되어 미지 탐사나, 군 작전 시
자기 위치 파악에 이용되고 있다. - 다음 백과

참고자료 : 「우리 안의 냉전 – 통제 일상화 가능케 한 '주민등록증'」, 이승훈,

오마이뉴스 2003. 7.21

30 갈등과 해결

31 관용

32 서로 다름 인정

33 공감

34 인권 ①

35 인권 ②

36 평화권

37 동물권

38 평화문화

39 평화교육

40 공동체 ①

41 공동체 ②

5

평화를 실현하기 위하여

30
갈등과 해결

삶은 갈등의 연속

갈등 없는 삶은 없다.

이 말은 죽기 전까지 사람은 갈등하며

따라서 갈등은 정상적이고 자연스런

삶의 한 부분이라는 것.

인간관계가 있는 곳에는 갈등이 있다.

갈등을 통해 사람은 상처를 받기도 하지만

서로 조화와 변화를 이룰 수도 있다.

갈등이 분노나 비난 경쟁 등으로 표현되지 않을 때

갈등은 관계를 돈독히 하고 인격을 성숙하게 한다.

이렇게 볼 때 평화로운 세계란
갈등이 없는 세계가 아니라
모든 사람이 만족할 수 있는 방식으로
갈등이 해결되는 세계.

여러 사람과의 갈등과 그 해결도 중요하지만
자기 마음속 갈등(내적 갈등) 해결도 중요하다.
갈등의 주된 원인은 두려움과 연약함에 있다.
두려움과 연약함은 불만(부정적 감정)을
자꾸 속으로 감추게 한다.
갈등을 피하기 위해 불만을 감추다 보면
이것들이 쌓여, 언젠가 폭발한다.

그러니
'Yes'와 'No'를 분명히 말하라.
자기 자신에게 솔직하라.
자기 욕구를 희생하여 다른 사람에게 기쁨을 주려는
부정직한 행동을 하지 마라.

수없이 많은 갈등 해결 방법 가운데

'예'와 '아니오'를 분명히 말하는 것만으로도

갈등 해결에 많은 도움을 준다.

관용(寬容)

너그럽게 받아들이거나 용서함.

라틴어 'tolerare(톨레라르→톨레랑스)'라는 뜻의 이 말은

'견디다, 참다'의 의미로

16세기 초 처음 등장하여

오늘날까지 확대 발전되어 사용되고 있다.

관용은

모든 인간은 불완전한 존재이며,

따라서 누구나 과오(잘못)를 범할 수 있다는

'불완전성의 원리'에 기초하고 있다.

인간은 누구나 서로 다른 정신을 갖고 있기 때문에

어떤 일에 대해 견해 차이가 있을 수밖에 없다는 것.[1]

따라서 칼 포퍼는 다음과 같은 관용 원리를 제안한다.

● 제 1 원리 : '내가 틀릴 수 있고 당신이 옳을 수 있다.' '우리

는 모두 불완전하기 때문에 우리 모두가 틀릴 수 있다.'

● 제 2 원리 : '무슨 일이든 합리적으로 이야기함으로써 우리

는 어떤 잘못을 수정할 수 있다.' '칼 대신 말로 하자.'

● 제 3 원리 : '만약 우리가 합리적으로 이야기한다면 우리는

진리에 더 가까이 도달할 수 있다.'

관용은

둘 이상이 갈등하는 상황에서

힘이 없어 밀려날 수밖에 없는 상태를 묵인하는 것이 아니라

나에게 밀어부칠(불관용할) 힘이 있으되

관용하는 것이다.

곧 어떤 일에 반대하거나 그 일이 싫지만

상대방 자유와 권리를 보장하기 위해 관용하는 것이다.

그렇다면 여기서 제기되는 한 가지 문제.

도대체 어디까지 관용할 것인가?

어느 선에서 관용을 멈춰야 하는가?

날로 포악해져 가는 사회에서

우리는 관용만 하다 말 것인가?

정당치 못한 것, 불법, 부도덕, 사악함, 폭력, 전쟁 등

평화를 저해하는 이런 것들에 대해

우리는 관용하지 말아야 한다.

관용이 중요함을 알면서도

이해관계가 서로 충돌하는 경우

실제로 관용하기가 어렵다는 한계가 있지만,

갈등과 대립을 폭력으로 해결하지 않으려는 관용.

이해가 상충하는 곳에 절실히 필요한 관용.

부부 사이, 부모와 자식 사이, 어른과 아이 사이

개인과 개인 사이, 타자의 권리를 존중하기 위해, 종교와 종교 사이

종족과 종족 사이, 서로 다른 문명 사이, 국가와 국가 사이,

오늘날 관용이 요구되는 곳은 너무나 많다.

NOTE

1) 볼테르의 "우리는 서로 관용해야 하는데 왜냐하면 우리 모두는 약하고 불일치하고 변덕스럽고 잘못을 범하기 때문이다." 라는 말은 관용 의미를 잘 나타내 수고 있다. 곧 다른 사람의 행동이나 신념에 대해 내가 반대한다고 할 때, 상대방 행동과 신념이 불완전해서 오류를 범하고 있다고 주장하는 만큼, 나 자신도 똑같은 잘못을 범할 수 있다는 사실이 관용 정신에 함축되어 있는 것이다.

참고자료 : 「일상에서 평화 만들기 : 여성이 만드는 평화와 인권」, 김숙임

「관용-갈등의 평화적 해결을 위한 도덕적 명령 」, 김용환

32

서로 다름 인정

불교에서 말하는 삼독(三毒).

우리 마음을 괴롭게 한다 하여 세 가지 독(毒)이라 하는

삼독.

탐욕(貪慾), 진에(瞋恚), 우치(愚癡)

(탐욕 – 자신이 갖고 싶은 것을 탐내는 마음,

진에 – 자기 뜻대로 안 되어 화가 나는 마음,

우치 – 진리를 분별하지 못하는 어리석음).

삼독심이라.

탐 심 (욕심)
진 심 (성냄)
치 심 (어리석음)
세 가지의 마음이 삼독이라
중생의 선한 마음을 해치는 번뇌의 근본이니
망념 그것을 버리다.

이 가운데, 진에(瞋恚)

자기 마음대로 되지 않으면 화가 나는 것.

이러한 일은 어디서 오는 걸까?

서로 다름을 인정하지 않는 데서 오는 게 아닐까?

사람은 서로 생각이나 행동이 다를 수밖에 없다.

그러나 생각이 다르다는 것 하나만으로

적이 될 수 있는 현실

종교 간, 문화 간, 국가 간, 개인 간, 계층 간

생각이 다르다는 것만으로 적이 될 수 있다는 것

이 얼마나 불행한 일인가.

사회가 발전한다는 것은

나와 다른 많은 것들이 늘어난다는 것.

내 관점과 다른 사람들이 많이 생겨난다는 것.

그들도 그들대로 보는 눈이 있고, 이해가 있고,

생각이 있다.

따라서 우린 서로 다를 뿐

틀리지 않다는 것.

다양한 관점으로 바라보는 것,

서로 다른 차이를 인정하는 것,

다름을 이해하고 받아들이는 가운데

우린 평화로울 수 있다.

33

공감

상대방을 배려해 하나가 되는 공감(共感).

아픔을 아픔으로 느끼고

슬픔을 슬픔으로 느끼고

고통을 고통으로 느낄 수 있는 능력.

공감은 느낄 수 있는 능력이다.

다른 모든 것은 이상이 없는데

타인의 고통, 아픔, 슬픔을 느낄 수 없다면

그것은 사이코패스.[1]

사람과 민족에 따라
약간 차이는 있지만
인간에게 공통적으로 주어진 성질은
도덕심과 공감하는 능력.

인간은 공감하는 능력을 통해
이기적 존재에서 벗어날 수 있다.[2]

공감이 일어나는 방식도 다양하다.
어떤 경우는 단순히 타인이 표현하는 감정을 통해
공감이 일어나기도 하지만(슬픔, 기쁨 등),
또 어떤 경우에는 그 감정 원인을 이해할 때
깊이 있게 공감하기도 한다.(분노 등)

내가 타인의 감정에 공감할 수 있듯이,
타인도 내 감정에 공감할 수 있다.
이것이 곧 상호공감.[3]

슬픔과 분노 같은 고통스런 정서는

공감에 의해 치유될 수 있다.

그러나 우리는 공감과 관련하여

사람 사이 공감뿐만 아니라

자연, 생명체, 예술 작품 같은 것과의

공감도 중요하게 생각해야 한다.

왜냐하면 인간 삶이 풍요로워지기 위해서는

이러한 영역과의 공감이 반드시 필요하기 때문.

자연과 인간

동·식물 같은 생명체와 인간

음악, 미술, 문학과 같은 예술과 인간

이 속에서 공감은

삶을 윤택하게 하고 지치지 않게 하며

끊이지 않는 상상력으로 춤추게 한다.

NOTE

1) 사이코패스란 반사회성 인격 장애로 인격 장애 중 하나이다. 인격 장애란 성격이나 행동이 보통 사람들 수준을 벗어나 편향된 상태를 보이는 것으로, 현실에서 자기 자신이나 사회적으로 부정적인 영향을 끼치게 되는 이상 성격을 말한다. 사이코패스는 다른 사람들의 고통과 슬픔에 대해 전혀 공감하지 않는 매우 폭력적이고 비열한 인간을 의미한다. 1801년 프랑스의 정신과 의사 필리프 피넬이 사이코패스 증상에 대해 최초로 저술했으며, 이후 1920년 대 독일 심리학자 슈나이더에 의해 처음 소개되었다.

2) 이에 대해 영국 경제학자 아담 스미스는 "원칙적으로 인간은 타인이 느끼는 것을 직접 경험할 수는 없다. 따라서 공감이란 상상력을 통해 타인이 느끼는 것과 비슷한 감정을 나 자신이 갖는 것"이라고 말한다. 그는 공감하면서 느끼는 타인의 감정이란 비단 타인의 고통, 비애뿐만이 아니라 기쁨 등 타인의 모든 감정을 포함한다. 따라서 공감은 동정이나 연민보다 넓은 개념이라고 한다.

3) '역지사지(易地思之)', '자기가 하기 싫은 일은 남에게도 시키지 말라는 기소불욕 물시어인(己所不欲 勿施於人)', '너 자신을 사랑하듯 네 이웃을 사랑하라', 이 모두가 공감을 바탕으로 하는 말이다.

참고자료 : 「관용 · 갈등의 평화적 해결을 위한 도덕적 명령」, 김용환

34
인권 ①

● 인권(人權) : 사람이면 누구나 당연히 요구하고 누릴 수 있는 기본 권리.

● 사회정의 : 모든 사람이 한결같이 인간다운 생활을 누릴 수 있도록 보장하는 것을 기본으로 하는 사회적 윤리.(법 앞에서의 평등이나 정당한 보수 등)

그러고 보면 인권[1]과 사회정의는

떼려야 뗄 수 없는 관계.

이 둘은 모두 민주주의와 직결되어 있어

'사람답게 살 수 있는 권리'가 보장될 때 지켜질 수 있다.

인권이 사람이라면 누구나 누릴 수 있는 권리이기 때문에

국가는 국민의 인권을 보호하고 보장할 의무가 있다.

그럼에도 인권에 대한 침해는 언제 어디서든 나타날 수 있다.

가정이나 학교 사회에서

장애인, 노인, 아동, 여성, 사회적 약자, 학생, 외국인 노동자 등

그 대상도 여럿이지만,

폭행, 감금, 괴롭힘, 모욕, 업신여김, 강제노동,

임금 미지급, 따돌림 등

그 형태도 가지가지.

사회정의가 실현되려면

인권 침해가 사라져야 한다.

하늘로부터 부여받은 천부적 권리인 인권은

인종, 성별, 문화, 종교, 사상, 신념,

계급 등 그 어떤 것보다 중요하기에

어떤 이유로도 침해되어서는 안 된다.

그러나 우리 사회에서 인권에 대한 인식은 아직 미약한 상태.

왜 그럴까?

그 이유로 다음 다섯 가지를 들 수 있다.

① 봉건주의 의식   ② 민주주의 미성숙

③ 지나친 경쟁사회   ④ 이데올로기 대립과 분단 상황

⑤ 관용정신 부족

인권의식은 '자기 권리 찾기'에서 시작하여

'다른 사람 권리 존중하기'로 확대되어야 한다.

인권 존중은 나부터, 작은 것부터, 지금부터,

시작되어야 한다.

인권운동2)은

차별에 반대하고,

인간의 존엄성을 옹호하고 높이기 위한 실천 활동으로

사회적 약자들의 삶과 주장에 주목한다.

인권 범주에는 환경권, 노동권, 정치참여(투표)권,

교육권, 건강권, 문화 접근권, 정보인권, 이동권 등 다양하며

국가인권위원회3) 등 여러 인권보호단체 4)가 있어
다양한 인권 활동을 전개하고 있다.

NOTE

1) 인권이란 헌법 및 법률에서 보장하거나, 대한민국이 가입 비준한
국제 인권조약 및 국제 관습법에서 인정하는 인간으로서의 존엄과 가
치 및 자유와 권리를 말한다. 또한 대한민국 헌법은 제10조에서 '모든
국민은 인간으로서의 존엄과 가치를 가지며, 행복을 추구할 권리를 가
진다.'고 인권을 명시하고 있다.

2) 인권운동은 좁게는 법이나 제도로 확인된 권리를 현실에서 확보해
나가는 운동이며, 아울러 새롭게 그 개념과 폭을 확대하면서 재창조해
나가는 것을 말한다.

3) 국가인권위원회는 모든 개인의 기본적 인권을 보호하고 그 수준을
향상시켜 인간으로서의 존엄과 가치를 구현하기 위해 2001년 11월 설
립된 인권 전담 국가기관이다. 인권 침해나 차별을 당했을 때 국가인
권위원회에 진정을 접수하면 이를 조사해 인권 침해나 차별 행위를 한
기관에 시정 권고를 한다. 피해 내용이 한 기관의 문제가 아니라 법이
나 제도, 관행의 문제라면 법을 개정하라고 권고하기도 한다. 학교생
활과 관련해서 그동안 국가인권위원회는 학생의 두발자유 보장, 체벌
금지, 학교폭력에 대해 교장의 관리책임 중요성, 학생 퇴학 시 보호자
와 학생 본인의 진술 기회 제공, 학생의 집회시위 자유 보장, 성적 우수
자반 운영하지 말 것, 일기를 강제로 검사, 평가, 시상하지 말 것, 장애

학생 교육권을 보장, 남학생 다음 여학생 출석번호 부여하지 말 것 등을 권고했다.

4) 국내외 주요 인권단체로는

① 국가인권위원회 (http://www.humanrights.go.kr)

② 국제앰네스티 한국지부 (http://www.amnesty.or.kr)

③ 한국인권재단 (http://www.humanrights.or.kr)

④ 인권운동사랑방 (http://www.sarangbang.or.kr)

⑤ 청소년인권행동 아수나로 - 청소년 인권보호 온라인 단체, 논평, 지역별 모임, 보도기사, 정치권리 보장 등 수록. (http://www.asunaro.or.kr)

⑥ 광주인권운동센터 - 광주지역 인권보호 단체, 인권 영화제 소식, 민간인 학살 자료 수록. (http://www.ingwon.org)

⑦ 참여연대 - 인권, 시민권리 옹호를 위해 사법감시, 의정 감시, 낙선운동, 소액 주주운동, 부패방지법 제정운동을 하는 시민단체 (http://www.peoplepower21.org)

참고자료 : 「관용-갈등의 평화적 해결을 위한 도덕적 명령」, 김용환

35

인권 ②

학생 인권은 말 그대로

학생이 누려야 할 인간적 권리.

학생 인권을 보장함으로써

모든 학생은 인간으로서 존엄과 가치를 실현하며

자유롭고 행복한 삶을 이루어갈 수 있다.

이 같은 학생 인권을

법적으로 보장하기 위해 '학생인권조례'를 제정하는데

학생인권조례란 학생이 누려야 할 인간적 권리를

지방자치단체 의회 의결을 거쳐

교육감이 공포하는 것.

이는 자기 권리를 알고 이를 행사할 수 있을 때

비로소 인권은 권리가 되기 때문이다.

〈학생인권조례 발의 당시〉

그렇다면 학생인권조례에는 어떤 내용들이 있을까?[1]

차별 받지 않을 권리, 폭력 및 위험으로부터 자유, 정규교과
이외 교육활동의 자유, 휴식을 취할 권리, 개성을 실현할 권
리, 사생활 자유, 양심·종교의 자유 등.

현재 우리나라 학생인권조례 현황은

지역에 따라 많은 편차를 보이고 있다.

이미 제정된 곳도 있고, 추진 중인 곳도 있으며

인권조례가 아닌 '교육권리헌장' 같은

유사 조례를 추진하는 곳도 있다.[2]

그것은 학생인권조례를 보는 여러 계층의

시각이 다르기 때문.

학생교육을 바라보는 진보와 보수 세력 간 갈등도 있고

교사와 학생 간 뚜렷한 시각차도 있다.3)

그러나 분명한 사실은

학생인권조례 시행 이후

학교가 매우 평화적인 모습으로 변한다는 것.

강압적이고 권위적인 학생 통제에서

학생 자치활동을 중심으로 바뀌어간다는 것.

학생인권이 뿌리내리기 위해서는

인권교육을 강화해야 한다.

교사와 학생 인권에 대한 감수성을 풍부히 하고

교육과 홍보를 통해 자기 인권의 정당성을 깨달아야 한다.

NOTE

1) 2011년부터 시행되고 있는 경기도 학생인권조례 내용을 보면 다음과 같다.(실제 학생들의 학교생활에 필요한 것을 중심으로 요약한 것임)

① 차별받지 않을 권리 - 학생은 성별, 종교, 나이, 사회적 신분, 장애, 용모 등 신체조건, 임신 또는 출산, 정치적 의견, 성적 지향, 병력, 징계, 성적 등을 이유로 정당한 사유 없이 차별받지 않을 권리를 가진다.

② 폭력 및 위험으로부터의 자유 - 학생은 따돌림, 집단 괴롭힘, 성폭력 등 모든 물리적 및 언어적 폭력으로부터 자유로울 권리를 가지며, 학교에서 체벌은 금지된다.

③ 정규교과 이외 교육활동 자유 - 학생은 야간자율학습, 보충수업 등 정규교과 이외 교육활동과 관련하여 자유롭게 선택하여 학습할 권리를 가진다, 따라서 학교는 학생에게 야간자율학습, 보충수업 등을 강요하여서는 아니 된다.

④ 휴식을 취할 권리 - 학생은 건강하고 개성 있는 자아 형성·발달을 위하여 과중한 학습 부담에서 벗어나 적절한 휴식을 취할 권리를 가진다.

⑤ 개성을 실현할 권리 - 학생은 복장, 두발 등 용모에 자기 개성을 실현할 권리를 가진다. 따라서 학교는 두발 길이를 규제하여서는 아니 된다.

⑥ 사생활 자유 - 소지품 검사, 일기장이나 개인수첩 열람, 학생 휴대전화 소지, 폐쇄회로 텔레비전(CCTV) 설치, 등에 관한 내용을 다루고 있다.

2) 이미 제정된 지역 : 경기, 광주, 서울

추진 중인 지역 : 충북, 경남, 전북, 전남, 인천

유사조례 추진 지역 : 대구, ('교육권리헌장' 같은 유사조례는 실질적인 구속력이 없고 선언에 불과하다는 문제가 있음.)

3) 학생인권조례에 대해 학생 82.3%가 조례에 찬성한다는 의견을 밝힌 반면, 교사는 47.2%가 찬성한다고 했다.

참고자료 : 『학생생활교육』, 전교조 학생생활국, 2012년 1호

36

평화권

평화권은 곧 '평화적 생존권'

인간이라면 누구나 평화롭게 살 권리.[1]

국제사회에서도 평화권이 처음부터

하나의 인권으로 자리매김된 것은 아니었다.

1960년대 말 1970년 대 초 국제 무대에서

평화권이 처음 이야기되었을 때

그 반응이란 지극히 생소했다는 것.

그러나 오늘날

평화권은 적어도 국제인권 무대에서는

그 필요성과 내용에 대한 공감대를 바탕으로

하나의 '생래적 권리'로 인정되고 있다.[2]

우리나라에서도 최근 이른바 SKY(쌍용, 강정, 용산) 사태3)를 거치면서 평화권에 대한 관심이 높아가고 있다.

오늘날 평화 의미가

자연 보존, 인간과 자연의 공존, 심성의

평화 차원으로 발전하고 있지만,

그 개념의 중심에는 여전히

인간 생명 보호, 인간 자체에 대한 존중이 들어 있기 때문.

평화권 속에는

국가적, 군사적, 구조적 폭력을 거부하고

지속 가능하고 평화로운 삶을

영위할 권리가 깃들어 있기 때문이다.4)

인간에게는 평화적 생존권 및 평화로운 상태를 위협하는

어떤 외부적 강제 조치도 거부할 권리가 있다.

평화적 생존권은 다름 아닌 안전한 환경에서 살 수 있는 권리이다.

국가 안보라는 이름으로 저지르는 불법적 반인권적 행위에 대해
모든 인간은 양심적 거부와 불복종 권리를 갖는다.

NOTE

1) 이 말은 매우 당연한 것처럼 들리지만, 여기에는 평화권을 정의함
에 있어 '평화'에 대한 이해와 평화를 권리로 인정하느냐 하는 문제가
담겨 있다.

2) 평화권이 국제적으로 논의되기 시작한 것은 제2차 세계대전 후 유
네스코(UNESCO)에 의해서이다. 유네스코는 '사람 마음속에 평화를
심는 것'을 모토로 전후 냉전 해체기에 들어 '평화문화'를 강조하고 나
섰다. 냉전 해체가 세계평화가 아니라 내전과 대량학살로 이어지면서
전쟁문화를 극복하기 위해 평화문화에 대한 교육 · 홍보가 절실하다
고 보았던 것이다. 유네스코는 평화문화 확산을 꾀하며 탈냉전기 분
쟁 해결에 기여하고자 하였고, 그 일환으로 평화권을 제기해 평화권이

국제사회에서 본격적으로 논의될 수 있도록 하는 데 견인차 역할을 하였다. 그 후 1984년 11월 유엔 총회는 '평화권 선언'(Declaration on the Right of Peoples to Peace)을 채택하였고, 이 선언으로 '지구상 모든 인류는 신성한 평화권을 갖는다'는 원칙을 확인한 후, 대중의 평화권 향유를 '각국의 근본적 의무'로 선언하였다.

3) 해군 기지 건설로 삶의 터전에서 밀려날 처지에 놓인 제주 강정마을 사람들, 쌍용자동차에서 폭력적으로 밀려난 해고 노동자들, 경찰과 용역 폭력배들에게 희생된 용산 재개발지역 주민들은 평화적으로 삶을 영위할 권리를 빼앗긴 채 힘든 나날을 보내고 있다.

4) 우리나라에서 평화권은 적극적 측면의 평화권이다. 전쟁이나 폭력에 직접 반대하고 저항하는 소극적 평화권 뿐만이 아니라, 일상에서 평화로운 인간적 삶을 영위하기 위한 적극적 측면의 평화권이 필요하다는 것이다. 이를 위해 군비 보유 배제, 국가에 의한 평화 저해 행위(무기 수출 등)의 배제, 양심과 종교의 자유에 따른 군사 활동 불참할 권리, 군사적 목적의 기본권 제한(재산 압류, 표현의 자유 제한 등) 금지, 전쟁 위험(군사적 긴장 혹은 갈등)에 처하지 않을 권리, 군사안보 정책으로 인해 시민의 인권과 근본적 자유가 침해받지 않을 권리, 그와 관련한 국가 정책이 투명하게 진행되고 거기에 시민이 참여할 권리 등이 포함될 수 있다.

참고자료 : 「국가폭력에 내몰린 평화권을 생각한다」 참여연대 자유언론통신
(http://cafe.daum.net/ddanziradio2)

37

동물권

동물을 인간과 인간이 아닌 동물로 나눈다면?

인간동물과 비인간동물.

인간동물 - 남녀를 포함한 인간.

비인간동물 - 인간이 아닌 다른 모든 동물.

인간에게 인권이 있다면

동물에겐 동물권이 있다.

동물권, 동물의 권리(Animal Right)

인간에게 법적 권리와 천부적 인권이 있듯

동물에게도 존재 자체로서의 도덕적 권리가 있다는 것.

동물권[1]은

동물 보호[2], 동물 복지와는 차이가 있다.

동물 보호, 동물 복지 개념은

인간을 중심으로 하는 것이지만

동물권은 동물이 애초부터 타고난 '존재의 존엄성'을 부각시켜

인간에게 동물을 수단으로 사용할 권리가 없다는 것.

동물권 운동은 피터 싱어로부터 시작되어

지금까지 역사상 가장 빠른 속도로 성장한 사회운동이다.

성차별, 인종차별 같은 '종(種)차별주의'를 넘어

비인간동물에 대한 권익보호 활동을 전개한

세 사람.

피터 싱어, 톰 리건

그리고 헨리 스피라.

피터 싱어는 그의 책 『동물해방』에서 말한다.

설령 좀 더 나은 지적 능력을 소유한다고 해도 자기 목적을 위해 한 사람이 다른 사람을 이용할 수는 없다. 이것이 사실이라면 좀 더 나은 지적인 능력을 소유하고 있다고 해도 그로 인해 인간에게 인간 아닌 존재를 착취할 권한이 부여되지는 않는 것이다.

또 다른 철학자 톰 리건은 한 발 더 나아가
'동물 권리'라는 개념을 전면에 내세웠다.[3]
그는
하나의 생명체로서 본래적 가치를 갖는 비인간동물에 대해
'어떤 고통도 허용될 수 없다'는 입장을 견지하면서,
'모든 생명체는 고유한 생명체로서 가치를 존중받아야만 한다.'고
주장했다.

이 말은 곧 모든 비인간동물 역시 그 자체가
'수단'이 아닌 '목적'이라는 것.

20세기 후반 동물권리운동에 깊은 족적을 남긴 사람
헨리 스피라.[4]

벨기에에서 태어나 미국으로 건너온 그는

평생을 힘없고 착취 받는 존재들과 함께했으며

55세 때 동물이 겪는 고통에 눈을 뜬 후

동물들의 고통을 줄이기 위해 대기업, 정부기관과 싸웠다.

동물 권리에 대한 인식은

아직 많은 논란이 있지만

우리나라에서도 점차 확대되어 가고 있다.

동물을 인간의 오락이나 쾌락, 화장품이나 새로운 화학물질 개발,

그리고 식용으로 쓰기 위해 학대하고 죽이는 일이

옳지 않다는 것에 대해 많은 사람들이 인정하는 이상

동물권은 점차 확대되지 않을까.

NOTE

1) 동물권(Animal Rights)은 동물의 권익을 말한다. 단순히 고통을 피할 수 있는 권리뿐만 아니라, 인간의 인권에 대한 인식을 바탕으로 그 권리 개념을 동물에게까지 확대시킨 것이다. 동물권에 대해서는 여러 이견이 있지만 동물이 돈의 가치로, 음식으로, 옷의 재료로, 실험 도구로, 오락을 위한 수단으로 쓰여서는 안 되며, 동시에 인간처럼 지구상에 존재하는 하나의 개체로 받아들여져야 한다는 것이 광범위하면서

공통적인 견해이다. 미국에는 180개 법과대학원 중 97개 대학원에서 동물법을 강의하고 있으며, 대학에서는 윤리학, 철학의 한 과목으로 정기적으로 개설되는 과목이기도 하다. 우리나라에서는 아직 동물권에 대한 인식이 전반적으로 부족하며, 곳곳에서 동물학대가 일어나고 있다.

2) 우리나라에서 동물 보호는 '동물보호법(1991. 5. 31, 법률 제4379호)'으로 제정되어 있다. 이 법은 동물에 대한 학대행위 방지 등 동물을 적정하게 보호·관리하기 위하여 필요한 사항을 법으로 규정함으로써, 동물의 생명과 그 안전을 보호하고 복지를 증진하며 생명 존중 등 국민 정서 함양에 이바지함을 목적으로 하고 있다.

3) 서구에서 오늘날 동물권 사상의 기반이 된 이론을 처음 제시한 사람은 영국 사회학자 제러미 벤담이다. 벤담은 1780년에 발표한 논문에서 처음으로 비인간동물에 대한 인도주의적 사상의 필요성을 강조했다. 그는 '인간동물만 언어 사용 능력이 있다는 점'을 기준으로 비인간동물에 대해 평가하는 것을 거부하였다. 또 비인간동물에 대한 학대를 '노예의 고통'에 비유하면서, 중요한 것은 동물들도 고통을 느낀다고 주장했다. 벤담 사상은 이후 피터 싱어에게 이어졌다. 싱어는 2천 년 이상 지속된 비인간동물에 대한 서구의 사유 방식을 근본적으로 타파해야 한다는 인식을 바탕으로, 동물권에 관한 공리주의 사상을 전개해 오고 있다. 공리주의는 "고통의 최소화, 쾌락의 최대화"를 추구한다. 싱어는 비인간동물도 고통을 느낄 줄 아는 존재, 감정적인 존재라고 주장하면서 '윤리적 고려 대상'이 되어야 한다고 강조한다. 따라서 인간동물은 비인간동물에게 더 많은 자애와 보살핌을 베풀어야 한다

고 주장한다.

이에 대해 톰 리건은 한 발 더 나아가 비인간동물도 타고 난 생명의 가치를 실현할 '도덕적 권리를 가지고 있다'고 주장한다. 인간동물은 비인간동물의 권리를 빼앗아선 안 되며, 비인간동물들이 그들의 가치를 스스로 실현할 수 있는 기회를 보장해야 한다는 것이다. 피터 싱어 입장이 '동물 복지' 차원이라면, 리건 입장은 '의무론적 권리론' 혹은 '동물 권리론'이라 할 수 있다.

4) 유대인이었던 헨리 스피라(1927~1998)와 그의 가족은 2차 세계대전을 피해 미국으로 이주했다. 미국에서 그는 여러 사회문제를 해결하기 위해 좌파가 되었고, 사회주의노동자당에서 활동했다. 그리고 전국해운노조에 가입해 부패한 지도자들에게 민주주의를 요구하며 저항했고, 1950년대에는 미국 흑인 시민권 운동을 지원했다. 그는 평생을 강자가 아닌 약자 편에, 억압하는 사람이 아닌 억압받는 사람 편에 서 있었고, 이를 평생 실천해왔다. 55세 때 우연히 고양이 한 마리를 입양하면서 동물 권리에 대해 생각하게 되었고, 피터 싱어의 『동물해방』을 읽으면서 동물 권리를 위해 대기업(맥도널드 등), 국가기관(미국자연사 박물관 등)과 평생을 싸웠다. 피터 싱어는 그의 실천적 삶을 기리기 위해 『모든 동물은 평등하다』라는 평전을 쓰기도 했다.

참고자료 : 『동물해방』, 피터 싱어, 인간사랑

『동물권, 인간의 이기심은 어디까지인가』, 캐서린 그랜트 , 이후

『모든 동물은 평등하다(헨리 스피라 평전)』, 피터싱어, 오월의봄

38

평화문화

물고기 = 물.

인간 = 문화.

문화는 공기 같은 것.

옷 같은 것.

공기처럼 옷처럼

인간을 감싸고 있는 것.

생활문화, 성문화, 직장문화, 군사문화, 평화문화 등.

이렇게 볼 때 문화란

지식, 신앙, 예술, 도덕, 법률, 관습 등

인간이 사회 구성원으로서 획득한 능력 또는 습관의 총체.

문화는 일단 확립되면 그 자체로서 생명력을 갖는다.

문화는 한 세대에서 다음 세대로 전달되며

인간이 살아가는 사회의 성격을 나타내 준다.

우리나라의 경우

국가 안보, 경쟁, 성차별, 권위주의, 분단, 봉건적 요소로 인한

군사문화, 경쟁문화, 성차별 문화, 권위주의 문화, 반공 냉전문화,

봉건적 문화.

이 모두는 인간의 개인적 권리를 존중하지 않고

통제 수단, 차별 수단으로 보는 데서 오는 것.

평화 문화로 바꿔야 하지 않을까?

인권과 평등에 기초한 평화 문화로.

그 이유는 앞에서 말한 대로

평화가 아니면 이제 죽음이기 때문.

지금까지는 어떻게 견뎌왔지만

앞으로 갈수록 고통스럽기 때문.

앞에서 어린이가 말했듯이

평화문화는

도움, 배려, 양보, 존중, 행복, 사랑, 자유, 존경, 희망, 용기,

마음, 자신감, 가족, 리더십, 기쁨

반평화문화는

싸움, 욕, 전쟁, 불행, 죽음, 파괴, 괴로움, 배고픔, 슬픔, 가난
미움, 배신, 분단, 무기, 욕심.

으로 이루어진 문화.

왜 우리가 평화문화를 이루어야 하는지

이제 분명해졌다.

평화가 아니면 희망이 없기 때문.

평화가 아니면 갈수록 삶이 고통스럽기 때문.

39
평화교육

평화교육은

다른 무엇보다

평화 감수성을 기르는

교육이 되어야 한다.

평화라는 말 속에 담긴 의미가 다양한 만큼

평화교육에서 다룰 수 있는 주제도 다양할 수밖에 없다.

평화교육은

실천 지향적 교육이다.

왜냐하면 평화교육은

정치교육과 가치교육 성격을 동시에 갖기 때문.[1]

평화교육 역사는

인류 역사와 같이 했다고 할 수 있다.

인간 역사가 전쟁과 폭력으로 점철된 만큼

평화에 대한 인간의 꿈도 끊이지 않고 이어져왔기 때문.

냉전체제가 지배적이던 1960~70년대는

반전 반핵이 평화교육의 중심 주제였다.

1989년 이후에는 환경문제가 최우선 문제로 부각되다가

1990년대 후반에는 인종, 민족, 종교 갈등, 개발, 성장 같은 문제가

중요하게 다루어졌다.[2]

이렇게 볼 때

평화교육은 그 시대 그 사회의

가장 핵심적인 반평화적 요소를 대상으로

실천해 왔다는 사실.

평화교육은

평화를 통해서만 가능하며

그것이 사회교육 차원이든 학교교육 차원[3]이든

반드시 그 사회의 근본문제를 최우선으로 다루어야 한다는 것이다.

NOTE

1) 평화교육은 현실 생활에서 겪게 되는 갈등을 분석하고 합리적인 근거에 의해 비판하는 능력을 키워 자율적으로 의사를 결정할 수 있는 인간을 육성한다는 점에서(정치교육), 그리고 그러한 인간이 지속가능한 사회발전을 위해 대안적 가치를 공동으로 마련하고 해결해 간다는 점에서(가치교육) 사회변혁을 지향한다고 볼 수 있다.

2) 이 외에도 평화교육 주제로 다루어진 것은 군사문화, 성차별, 소비문화 등이 있으며, 아직은 미미하지만 동물권이나 동성애, 언어폭력, 대중매체를 통해 사회적으로 재생산되는 폭력문화 등도 다루어지고 있다. 성공회대 고병헌 교수는 평화교육 주제로 다음과 같은 내용을 들고 있다.

① 분단, 군사문화, 그리고 이와 연관된 문제들(군비, 군대 내 의문사, 대인지뢰 등)

② 경제적 세계화와 그에 다른 외채, 실업, 빈부격차 심화 등

③ 생태계 파괴와 환경오염, 특히 식량 자급률의 급격한 하락

④ 성 차별, 지역 차별, 학력 차별, 인종 차별(이주 노동자와 조선족에 대한 차별), 장애인 차별 등

⑤ 가족과 전통 해체

⑥ (과)소비문화 확산

⑦ 자본과 과학의 결합, 정보화에 따른 부작용(유전자 복제, 유전자 조

작 상품 등)

⑧ 교육의 파행과 공교육 실종

⑨ 국가와 개인, 집단과 개인, 혹은 종(種)과 종(種) 사이에 나타나는 인권 탄압, 인권 침해 혹은 권리 침해, 사회적 약자를 상대로 한 의학 임상실험, 동물을 대상으로 하는 임상실험, 죽은 자의 인권 등.

3) 그동안 우리나라 학교에서 평화교육은 거의 이루어지지 않았으며, 6 · 25를 소재로 한 반공교육이나 통일교육이 주를 이루었다. 그만큼 교육 내용이 다양하지 못했다. 평화교육에 대한 체계적인 연구도 제대로 이루어지지 못했다. 반전교육과 통일교육은 자칫 이념 문제로 비화되면서 불필요한 오해를 불러일으키거나 탄압의 빌미가 되기도 했다. 평화교육의 영역 확대가 절실하며, 그런 의미에서 지난 2011년 9월 15일 선포된 경기도교육청의 '경기평화교육선언'은 중요한 의미를 갖는다.

참고자료 : 「평화교육, 이 시대의 대안교육」, 「평화교육사상」, 고병헌, 학지사

「일상에서 평화 만들기 : 여성이 만드는 평화와 인권」, 김숙임

「한국여성평화운동의 평화교육 방법론과 프로그램 개발을 위하여」, 김정수

40
공동체 ①

인간은 사회적 존재

이 말은 인간은 혼자 살 수 없고

타인과 함께 살아야 하는 존재라는 것.

슬픔도 기쁨도 함께 나누며

살아야 할 운명을 타고났다는 것.[1]

우리나라 대표적 공동체라면

혈연공동체와 지연공동체

그리고 결사공동체(結社共同體).

가족이 확대되어 특정 성씨를 중심으로

대집단을 이루어 형성된

혈연공동체,

일정 지역을 중심으로 연대를 형성하여 이루어진

지연공동체,

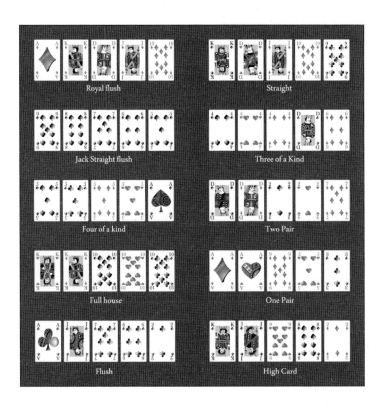

Royal flush

Straight

Jack Straight flush

Three of a Kind

Four of a kind

Two Pair

Full house

One Pair

Flush

High Card

종교나 이념 및 정신적 요소를 기반으로 하는

결사공동체.

이 같은 공동체는 가족이나 마을

지역을 중심으로 형성되어

구성원 간 친밀감과 유대감을 형성했지만

폐쇄성이 짙고

당파적(黨派的)이며

구성원의 자율적 의사가 존중되지 않는다는 점에서

민주사회로 발전하는 데

걸림돌이 되었다.

NOTE

1) 공동체(Community)의 사전적 의미는 '생활과 운명을 함께 하는 사회집단'이다. 지난날의 공동체가 혈연과 지연 등을 기반으로 이루어진 것이라 폐쇄적 성격이 짙었다면, 오늘날 공동체는 서로 의지를 모아서 자율적으로 조직을 구성하고 해체할 수 있는 자유인이 모여서 구성된다. 인간은 공동체 안에서 감정이나 충동, 욕망 등을 발산하고 조절하며 살아간다. 공동체에 대한 인식도 오늘날에 와서 많이 달라지고 있으며 공동체를 이루는 사회는 평화롭고 행복한 삶을 살 수 있으나, 공동체가 파괴된 사회는 자기 이익만을 위해서 살 뿐 이웃을 생각하지 않는다.

41

공동체 ②

그러나 결속과 상호협조,

보다 깊고 튼튼한 서로 간 이해와 공생 관계를 의미하는

진정한 공동체는

인간의 평화롭고 행복한 삶을 위해 필요하다.

공동의 가치, 공동헌신, 공동의 사명에

의식적이고도 인격적으로 참여하는

일은 중요하다.

마더 테레사의 말

"홀로 있는 시간을 견디지 못하는 사람은

공동체 생활을 할 자격이 없다."

이 말의 의미도 공동체에 참여하는 구성원의

자율성을 강조한 것.

공동체는 개성화이자 친교이며

다양성이자 조화이고

개인주의와 공동체주의가 만나는 곳이다.

사회가 변하면서

공동체 모습도 변해가고 있다.

생활, 마을, 육아, 종교, 교육, 기호, 취미, 생산 활동 등

각종 공동체도 있지만

사이버 공동체[1], 전자 공동체 같은

과학의 발달에 힘입어 생겨나는 새로운 공동체도 있다.

NOTE

1) 인터넷은 컴퓨터 네트워크를 통해 문자, 이미지, 동영상 등의 콘텐츠를 디지털 신호를 이용하여 통합적으로 제공한다. 인터넷 이용자가 증가하면서 인터넷은 정치, 경제, 문화 등 사회 전 영역에서 커다란 영향을 미치고 있는데, 많은 사람들이 인터넷 공간을 중심으로 사이버 문화와 사이버 공동체를 형성하고 있다.

사이버 공동체란 컴퓨터 통신망에서 형성된 가상적 공동체이다. 인터넷으로 상호 연결된 이용자들은 지역에 구애받지 않고 일반 공동체에서 이루어지던 정보 및 의사를 교환하고 상호 작용하며 공동체를 만든다.

사이버 공동체 속에서 인터넷 이용자들은 기존의 면 대 면 상호 작용을 증진시키거나 새로운 형태의 인간관계를 만들 수 있다. 하지만 이로 인해 물리적 세계에서 상호 작용하는 시간이 감소하거나 사회적 소외와 원자화가 증가할 수도 있다. - 다음백과

여성 평화운동가들

42
평화운동가들

인간 사회를 평화롭게 하기 위한
평화운동가들의 노력은 끊이지 않았다.

톨스토이, 간디, 소로우, 존 러스킨,
마르틴 루터 킹, 넬슨 만델라, 김대중, 등
이들 행동과 업적은 너무나 고귀하여
모든 이의 추앙을 받고 있으며
때로는 노벨평화상이란 상으로 보답하였다.

그러나 지구상의 평화는 이렇게 이름난 이들에 의해서만
이루어진 것은 아니다.
선(善)한 의지를 갖고 세상을 살고자 하는
이름 없는 많은 사람들에 의해
이루어진 것.

그 가운데는 여성도 있고 남성도 있어

남성은 비교적 잘 알려져 있으나

여성은 그렇지 못한 편이다.

따라서 여기서는 여성 가운데

노벨평화상을 받은 여성 평화운동가[1] 몇 사람을

소개하기로 한다.

노벨평화상 메달

노벨평화상 메달

NOTE

1) 지금까지 노벨평화상을 받은 여성 15명 중에는 베르타 폰 주트너(1905). 제인 애덤스(1931), 에밀리 그린 발치(1946), 마더 테레사(1979), 아웅산 수치(1991), 리고베르타멘추(1992), 시린 에바리(2003), 왕가리 마타이(2004), 엘렌 존슨 설리프(2011), 레이마 그보이(2011), 타와쿨 카르만(2011) 등이 있다.

43

베르타 폰 주트너

오스트리아 소설가이자 급진적 평화주의자로

여성으로는 처음으로 노벨 평화상을 수상한 사람

베르타 폰 주트너(1843~1914).

그녀는 1876년 알프레드 노벨이

자신의 파리 저택에서 일할 비서를 구한다는 광고를 보고

노벨 비서로 고용되었지만

비서로 고용된 지 1주일 만에 비서직을 그만둔다.

이후 1889년

소설『무기를 내려놓으라(Die Waffen nieder!)』[1]를 발표하면서

평화주의 선구자로 급부상하기 시작했으며,

1891년 오스트리아 평화주의 기구를 설립했다.

그 후 그녀의 평화운동이 대외적으로 널리 알려지기 시작했고

1892년부터 1899년까지 그가 쓴 책 제목에서 유래한

국제 평화주의 전문 잡지인「무기를 내려놓으시오」가

발간되었다.

무기 폐지와 평화를 호소하며

국제평화회의 오스트리아 대표로 활약한 그녀는

평생 독신이었던 노벨이 사망하기까지

20년 간 노벨과 편지를 주고받으며

평화와 군비축소 문제를 두고 토론을 벌였다.

이 과정에서 노벨은 노벨상을 구상하게 되고

처음엔 없던 평화부문 상을

그녀의 끈질긴 설득 끝에 제정하여

"국가 간 동포애, 주둔 군대 폐지 또는 감축,

평화 화합의 유지와 증진을 위해

노력하거나 최선을 다한 사람"에게

노벨평화상을 수여하게 되었다.[2]

NOTE

1) 19세기 유럽은 나폴레옹 전쟁으로 인해 유럽 사회가 전쟁의 지긋지 긋함에 눈을 뜨는 시기였다. 또한 나폴레옹이 가져다 준 민주주의가 전파되면서 그 영향으로 유럽과 미국에 수많은 평화운동단체들이 생 겨나는 시기였다. 그러나 평화는 잠시, 다시 유럽 사회는 식민지 쟁탈 을 중심으로 하는 열강들의 각축으로 전운이 감돌고(나중에 제1차 세 계대전으로 일어남), 많은 사람들이 진정한 평화가 오길 바라는 가운 데, 1883년 베르타의 반전소설 『무기를 내려놓으라』가 발표된다. 베르 타는 이 소설에서 "평화는 반드시 그러나 천천히 옵니다." "숯으로는 흰색을 칠할 수 없고, 악취 나는 썩은 고기로는 좋은 향기를 퍼뜨릴 수 없으며, 전쟁으로는 평화를 확보할 수 없다!"라고 말하면서 인류 사회 에 다가올 평화에 대한 확신을 노래했다.

2) 이 부분은 정확한 사실이 아닌 추정에 의한 것임.

참고자료 : 위키백과사전 (http://ko.wikipedia.org/wiki/)

44

제인 애덤스

미국 최초의 사회복지기관인

헐 하우스(Hull House) 창시자로 알려진

제인 애덤스.

그녀는 1860년 9월 미국 일리노이 시더빌에서 태어났다.

1881년 일리노이주 록퍼드대학을 졸업한 후

필라델피아에 있는 여자 의과대학에 들어갔으나

척추 등 건강이 나빠져 2년 동안 병치레를 하였다.

이 때 유럽을 폭넓게 여행했으며

런던의 화이트채플 산업지구에 있는

토인비 홀 사회복지기관을 방문했다.

미국으로 돌아온 그녀는

동료 엘런 게이츠 스타와 토인비 홀과 비슷한 기관을

창설하기로 결심

시카고의 빈민 노동자 지구에 빈 집을 얻어

헐 하우스[1]라 이름붙이고 그곳으로 이사했다.

그녀는 헐 하우스에 살며

다른 노동단체와 진보적 사회단체들과 함께

가출 소녀들을 위한 숙소를 만들고

아이들에게 글을 가르쳤다.

최초의 소년심리원법과 공동주택법

여성노동자 1일 8시간 노동제

공장 검열, 노동자 보수문제 해결을 위해 노력했고

빈민들을 위한 탁아소를 설치했으며

2백만 명에 달하는 아동 노동자 문제를 해결하기 위해

백악관 아동회의를 창설하기도 했다.

그녀는 또 이민자와 흑인에 대한 사법제도 정립을 위해 힘썼고

가난과 범죄 원인을 규명하기 위한 연구 작업을 권장했으며

여성 참정권 획득을 옹호했다.

1915년 그녀는 네덜란드 헤이그에서 열린

국제여성회의 의장이 되었고,

이 회의에서 '평화와 자유를 위한

여성 국제연맹'을 설립

1931년 71세에

노벨 평화상을 받았다.[2]

NOTE

1) 헐 하우스는 13채의 건물과 운동장 1개, 위스콘신 주 제네바 호(湖) 근처 야영지 1개로 이루어져 있었다. 줄리아 레이스럽, 플로렌스 켈리, 그레이스 애벗과 에디스 애벗 등 많은 저명한 사회사업가와 사회개혁가들이 헐 하우스에서 살았고, 그밖에 사업과 예술 활동을 하는 다른 사람들이 자기들 일을 하면서 애덤스를 도와 여러 가지 사회복지

활동을 벌였다.

편의시설로는 탁아소, 체육관, 공동부엌, 소녀 노동자를 위한 기숙사 등이 있었고, 대학 수준의 다양한 학과 과정을 제공했으며, 많은 이주 노동자들과 이민자들에게 봉사사업과 문화적 기회를 마련해 주었다. 제인 애덤스는 이곳에서 20년을 살았으며 그 때 일을 자서전 『헐 하우스에서 20년』이라는 책으로 펴냈다.

2) 제인 애덤스는 앞서 말한 대로 '헐 하우스'라는 지역 사회복지기관을 설립해 아래로부터의 돌봄과 상호부조 및 연대의 공동체 삶을 개척했다. 그녀의 평화사상은 도시 빈민들과 함께 하는 활동에서 나왔다는 점이 특별하다.

애덤스도 1차 세계대전 후에는 국제평화운동의 전면에 나서서 '평화와 자유를 위한 여성국제연맹' 대표로 여성 평화운동을 주도했다. 그녀는 철저한 반전 평화주의 신념을 유지했다. 특히 1917년 미국이 1차 세계대전에 참전하면서 많은 동료와 평화 정치가들이 그것을 지지했을 때 그녀는 반대하였고, 그로 인해 그녀는 철저히 고립되었다. 그 과정에서 그녀는 다양한 비난과 멸시를 받아야 했다. 그러나 그녀는 국제 문제를 어떤 형태의 폭력이나 전쟁으로 해결할 수 없다고 믿었으며, 근본적 반전 평화주의 신념을 가지고 새로운 길을 개척해 나갔다. 애덤스의 이러한 독특한 평화사상은 모두 헐 하우스에서의 오랜 주민 연대 활동에서 나온 것이었다.

참고자료 : 『헐 하우스에서 20년』, 제인 애덤스, 뿌리와 이파리

『20세기 평화텍스트 15선』, 이동기 편저, 아카넷

45

리고베르타 멘추

마야의 여왕, 리고베르타 멘추

그녀는 1959년 과테말라 마야족 인디오 원주민들이 모여 사는

키체 주의 오지 치멕 마을에서 태어났다.

가난한 농가에서 태어난 그녀는

8살부터 백인의 대농장에서 중노동을 하면서

원주민들의 자결권에 일찌감치 눈떴다.

특히 그녀의 정치적 각성에는
아버지 영향이 결정적이었다.
과테말라 군부의 폭정에 대항해 '농민단결위원회(CUC)'를
결성하는 데 주도적 역할을 한 그녀 아버지 빈센트 멘추는
그 후 게릴라들과 연대해 농민과
과테말라 전체 인구의 53%를 차지하고 있던
인디오들의 권익을 쟁취하기 위해 가열찬 투쟁을 벌였다.
자연스럽게 멘추와 그녀 오빠들도 부친을 따라
이 투쟁 대열에 가담했다.

특히 그녀는 당시 남미를 휩쓸던 해방신학에 접하면서
사회개혁과 여성인권에 크게 눈뜨게 되었다.

이후 멘추는 수도 과테말라 시티에 가서
부친이 이끌던 CUC에 가입해 원주민 인권운동에
본격적으로 나섰다.

그러던 중 1980년 1월
농민들에게 토지 소유권을 돌려달라며
동료들과 함께 스페인 대사관을 점령했던 그녀 아버지가
살해당했다. 또 16세인 그녀 오빠가 보안군에 체포되어
고문을 당한 뒤 산 채로 불에 태워졌으며,
그녀 어머니 또한
보안군에게 강간당한 뒤 나무에 묶여 학살됐다.
그녀 또한 정부 전복을 도모하고 있다는 군부의 누명을 쓰고
학살되기 직전 멕시코로 망명하여 간신히 살아남을 수 있었다.

이때부터 그녀는 부친 뒤를 이어
미주 대륙에 사는 3천만 인디오들의 인권 쟁취를 위해
맹렬히 싸웠다. 그녀는 당시
남미를 휩쓸던 각지 게릴라 투쟁을 적극 지원하였고

그녀의 헌신적 투쟁에 감명 받은 남미인들은

작달막한 키의 그녀에게

'마야의 여왕'이라는

최고 애칭을 붙여 주었다.

1983년 그녀는

군부에 의해 학살된 30만 명이나 되는 인디오 비극과

자기 가족의 투쟁사를 담은 『나, 리고베르타 멘추』[1]라는

자서전을 펴냈다.

이 책 발간 이후 그녀는 인디오 권리를 위해 일한 공로로

1992년 노벨 평화상을 받았다. [2]

"가장 잔인한 탄압과 박해를 받은 가정에서 태어났음에도

그녀는 사회 및 정치활동을 하는데 항상 투쟁의 최종 목표가

평화라는 점을 잊지 않았다."

노벨 평화위원회 프란시스 세예르스타트 위원장이

노벨상을 수여하면서 멘추에게 한 이 말은

남미대륙의 자랑스런 딸 멘추에게 걸맞는 찬사였다.

NOTE

1) 이 책에서 멘추는 자기 어린 시절 그녀 가족을 포함한 인디오들이 처참하게 학살되는 장면을 생생히 묘사해, 그 실상을 모르던 전 세계 지성인들에게 커다란 충격을 안겨주었다. 이 책은 출간 직후 11개 외국어로 번역되었는데, 이 책을 본 세계의 지성들은 과테말라 등 해당 국가들에게 인디오에 대한 학대 행위를 즉각 중단하라고 일제히 촉구하고 나섰다. 이 책 발간 이후 그녀는 1990년 유네스코 평화교육상, 1991년 프랑스 자유인권옹호위원회 상을 수상한데 이어, 마침내 1992년 33살 젊은 나이에 파격적으로 노벨평화상 수상자로 선정되었다.

2) 그럼에도 과테말라 정부는 그녀에 대한 탄압의 고삐를 늦추지 않고 있다. 지난 1986년 과테말라에 민간 정부가 들어섰음에도 그녀에 대한 귀국 조치는 상당 기간 허용되지 않았다. 그녀는 1987년 이후에야 치열한 투쟁 끝에 겨우 4차례 조국을 잠시 방문했을 뿐이다.

유엔 원주민 문제위원회 위원이기도 한 그녀는 UN이 선포한 '국제 원주민의 해'인 1993년 UN 친권대사 자격으로 일본, 브라질 등 원주민과 혼혈인들이 박해를 받고 있는 세계 각지를 돌며 2억 명에 달하는 원주민 권리 보호, 인종동화 및 말살정책 철폐를 호소했다. 그녀는 또 최근 정부와 기업의 개발 드라이브로 인해 원주민 고유문화와 생활을 보존해온 자연과 환경이 급속히 파괴돼 원주민 생존이 크게 위협받고 있다면서, 무분별한 개발정책을 즉각 중단하라고 촉구하고 있다.

참고자료 : 『나의 이름은 멘추』, 지산미디어

46

왕가리 마타이

'마마 미티(나무들의 어머니)'

아프리카 '그린벨트 운동' 창시자

아프리카 각지에 3천만 그루 나무를 심은 사람

왕가리 마타이.

그녀는 1940년 4월 1일 케냐 중부 고원에 위치한

니에리의 리테 마을에서 태어났다.

"어머니, 왜 왕가리는

우리처럼 학교에 가지 않나요?"라는

오빠 말에 (당시 케냐에서

여자가 학교에 간다는 것은 거의 불가능한 일이었다.)

8살에 초등학교에 입학하게 된 그녀.

이후 그녀는 아프리카 여성 최초로

생물학 박사가 되었고[1]

1971년 나이로비 대학 첫 여성 교수(해부학)로 임명되어

후에 학장까지 지냈다.

그러나 그녀가 고향 케냐로 돌아왔을 때 목격한 현실!

케냐 여성들은 식수나 땔감을 구하기 위해

매일 수십 킬로 길을 걸어다녀야 했고,

성매매와 에이즈 확산으로

어린이들은 죽어가고 있었다.

이런 상황에서 그녀가 생각한 것은 나무!

'그래, 나무를 심자!'

그녀는 검은 땅 아프리카에 나무를 심기로 결심했다.

그녀는 1977년 사막화 방지를 위해
전국에 걸쳐 1200만 그루 나무를 심는
그린벨트 운동을 전개하였다.

이때부터 그녀는 '마마 미티'
곧 나무들의 어머니로 불려졌다.

그렇다면 왜 나무였을까?
서구 제국주의 열강과 부패한 군부 독재정권에 의해 자행된
무분별한 개발과 자원 약탈은
아프리카를 황무지로 만들었고
황무지 → 가뭄 → 나라의 기근 → 여성들의 성매매와
에이즈 확산이라는 악순환을 가져왔다.

이러한 현실에서 그녀는

지속가능한 대안으로 '나무 심기'를 실천했던 것.

그러나 케냐에서 환경운동을 한다는 것은

목숨을 내놓는 일이었다.

국유지나 공유지를 개발하여 개발 이익을 몽땅 챙기려는

부패한 독재정권에 환경운동은

권력에 대한 저항을 의미하기 때문.

그녀는 실제로 다니엘 모이 정권 때

수차례 투옥되기도 했으며

그로 인해 남편과 이혼

가정생활의 어려움을 겪었다.

그러나 그녀는 결국

아프리카 전역에

3천만 그루 나무를 심었다.

"나무는 행동의 상징입니다.

내일 당장 변화가 오지 않더라도

약간의 차이는 분명 생깁니다.

그 작은 차이의 첫걸음이

나무를 심는 일입니다."

삶이 곧 투쟁이었던 그녀 말 속에는

하나하나 작은 실천에서 변화가 시작되어

평화가 온다는 진리가 담겨 있다.

민주주의와

지속가능한 발전

아프리카 평화에 기여한 공로로

노벨 평화상을 받은

그녀의 나무심기 운동은

그녀 사후

지금도 많은 사람들에 의해

이어지고 있다.

NOTE

1) 당시 케냐는 영국 식민지였는데, 식민지 지배가 끝나가자 톰 엠보야를 비롯한 케냐 정치인들이 유망한 학생들에게 서구식 교육을 시켜야 한다고 주장했다. 또 당시 미국 상원 의원이었던 존 F. 케네디도 이러한 정책을 지지했고, 그 결과 마타이를 비롯한 약 300명 학생이 1960년 9월 미국에서 대학 공부를 할 수 있는 기회를 얻게 된다. 마타이는 미국과 독일에서 생물학을 전공했으며, 1964년 피츠버그 대학교에서 동아프리카 여성으로는 처음으로 박사 학위(수의학)를 취득했다.

참고자료 : 『위대한 희망』, 왕가리 마타이, 김영사

일상생활과 평화

7

47

크리킨디

남아프리카 원주민들에게 전해지는

'크리킨디' 이야기.

"숲이 타고 있었습니다.

숲 속 동물들은 앞다투어 도망갔습니다.

그런데 '크리킨디'라는 벌새만은

왔다갔다 부리에 물을 한 방울씩 찍어 와서는

산불 위에 떨어뜨렸습니다.

다른 동물들이 그 광경을 보고

'그런 일을 해서 도대체 뭐가 된다는 거야?'

라고 말하며 비웃었습니다.

크리킨디는 이렇게 대답했습니다.

"나는,

내가 할 수 있는 일을 하는 것뿐이야."

이 이야기에서 우리가 얻을 수 있는 교훈은

어떤 상황에서든 내가 할 수 있는 일을 한다는 것.

문제 해결을 위해 아무리 작은 일이라도 행한다는 것.

우리가 평화를 원하고

평화롭게 살기를 원한다면

우리 스스로 평화로운 마음으로

평화를 실천해야 한다.

"전쟁을 준비하면 전쟁이 오고, 평화를 준비하면 평화가 온다."

"자기 마음이 평화롭지 못하면 평화를 위한 어떤 일도 할 수 없다.(틱낫한)"

"평화는 자신이 자신의 삶 속에서 만드는 것."

"평화는 아주 가까운 곳, 당신 내면에 있습니다."

"내가 평화로우면 내 주변과 세계가 평화로워진다."

"평화는 일상의 변화, 관성을 극복하는 데서 온다."

이 말들은 모두 일상 속에서

평화 실천의 중요함을 나타내는 말.

〈

그렇다면 지금

당신은 평화롭습니까?

당신은 오늘 평화롭기 위해

무슨 일을 하셨습니까?

48
마음 다스리기

일상이

평화롭기 위해서는

마음 다스리기를 꾸준히 해야 한다.

우리 뇌는 외부 자극에 의해

온갖 감정을 마음이라는 곳에 일으킨다.

기쁨, 슬픔, 분노, 즐거움, 시기심, 질투, 증오, 욕심…, 등

이 같은 감정은 때로 불과 같아서

한번 타오르면 걷잡을 수 없이

자기 자신을 집어삼킨다.

마음을 다스린다는 것은

마음속에 일어나는 감정을 다스린다는 것.

감정을 다스리기 위해서는

지금 어떤 감정이 내 마음 속에 일어나는가를

먼저 알아야 한다.

마음이란

사용하는 것이 아니다

그냥 거기 있는 것이다

마음은 바람과도 같아서

당신은 그 움직임을

느끼기만 해도 좋다.

'주의력'

'마음을 관찰하는 힘'

지금 마음 속에

어떤 감정이 일어나고 있는지

살피는 힘.

그리고 명상.

명상이란 평소 그 같은 주의력을 기르는 일.

조용한 곳에,

앉아서,

눈감고,

한다.

명상을 하면 심신이 이완된다.

명상을 하면 지금의 나를 알 수 있다.

명상을 하면 마음의 고통이 줄어든다.

명상을 하면 집중력이 강해지고

자신을 컨트롤할 수 있는 힘이 생긴다.

참고자료 : 「갈등해소와 자기통제 – 내가 만드는 평화」, 이현숙

49
평화 감수성 기르기 ①

감수성(感受性)

자극을 받아들여 느끼는 성질이나 성향.

일상생활의 주된 형태는 반복.

반복에 반복을 거듭하다 보면

우리 삶은 매너리즘[1])에 빠지게 된다.

매너리즘에 빠진 삶 = 무감각, 무관심,

무반응의 삶!

평화 감수성이란

비평화, 반평화적인 것들을 예민하게 느끼는 것.

가정, 학교, 지역, 사회, 국가에서 자행되는

비평화, 반평화적인 것들에 대해

느끼고, 바로잡기 위해 실천하는 것.

평화교육[2], 평화문화, 평화를 위한 실천 속에서

우리는 우리의 평화 감수성을

예민하게 길러야 한다.

평화 감수성이 풍부한 사람은

물을 떠난 물고기가 고통스러워하듯

경쟁, 차별, 인권유린, 폭력, 전쟁 등

평화에 반(反)하는 것들에 대해 고통스러워한다.

NOTE

1) 매너리즘 : 틀에 박힌 태도나 방식.

2) 학교에서 평화교육과 관련하여 주목할 것은 지난 2011년 9월 15일 경기도교육청이 선포한 '경기평화교육헌장'이다. 교육청이 밝힌 평화교육 목적은 학생들의 생명존중 의식과 평화능력을 신장하며, 일상생활 속에서 평화 감수성을 내면화하여 더불어 살아가는 민주시민을 육성하기 위한 것이다. '경기평화교육헌장'은 ① 존중, 협력의 평화로운 교실 학교 만들기 ② 모든 형태의 폭력 근절 및 일상에서 민주적인 평화 공동체 이상 실현 ③ 인간과 자연이 공존하는 생태 평화적 삶의 생활화 ④ 한반도와 동아시아 평화를 위한 책임 있는 역사적 태도 육성 ⑤ 적극적인 평화능력 신장 ⑥ 인류 평화와 인간 존엄성 가치를 실현하는 세계시민으로서의 자질 육성 등 6개 역점 사항으로 구성되어 있다. 경기도교육청은 가정, 학교 등 일상생활 공간에서 더불어 사는 평화교육을 실천함으로써 평화 감수성 확대를 위해 노력하고 있다.

평화 감수성 기르기 ②

평화 감수성,

그것은 폭력과 아픔과 차별을 느끼는 마음.

평화력,

그것은 어떤 갈등을 평화롭게 해결하는 힘.

갈등 해결과 상처 받은 마음 치유를 위해

평화 감수성은 우리가 최우선적으로

길러야 할 가치임에 틀림없다.

평화 감수성을 기르기 위해서는

개인이 먼저 평화로워야 한다.

마음 다스리기 훈련을 통해 개인 내면이 평화로우면

그곳에서부터 평화의 물결이

동심원처럼 퍼져나간다.

이를 바탕으로 평화 감수성은

타인과 연대를 통해 평화로운 세상을 만들어가겠다는

보다 적극적인 태도를 갖는 일이 필요하다.

개인의 내면 평화를 추구한 나머지

공동체 평화를 도외시해서는 안 된다.

개인 평화와 공동체 평화는 동전의 양면 같아서

서로 같이 갈 때 온전한 평화를 이룬다.

타인과 더불어 갈등을 해결하고

평화를 만들어가는 능력

이것이 진정한 평화 감수성이다. 〈끝〉.

청소년평화모임에 대하여

이 글은 이 책의 필자가 지금 하고 있는 '청소년평화모임' 활동에 대해 ① 모임을 결성하게 된 동기 ② 모임 성격 ③ 하는 일 ④ 앞으로 전망 등에 대해 밝힌 글입니다.

1

꿈을 다른 말로 한다면 걱정거리일 것이다.

나에겐 평생의 걱정거리, 꿈이 있다. 우리나라 청소년(학생+비학생)들이 좀 더 평화로워지는 것이다.

이렇게 말하면 거창하게 들릴지 모르지만, 다시 생각해 보면 아주 당연하고 소박할 수 있다. 한창 자라는 시기에 있는 청소년들이 평화로운 환경에서 자랐으면 하는 것이다.

나는 충남에 있는 중·고등학교에서 오랫동안 국어교사로 근무했다. 근무하는 동안 빼놓지 않고 한 일이 글쓰기 교육이었다. 나는 학생들 글을 통해 학생들을 구체적으로 이해하고 배우고 가까워질 수 있었다.

우등생이든 그렇지 않든 우리나라 학생들은 여러 면에서 너무 힘들다. 이중 삼중의 질곡에 시달리고 있다. 학생들이 쓴 글을 보면 그들을 괴롭히는 주된 요인으로 경쟁의식(공부), 가난, 가정폭력(가부장제), 성차별, 결손(부모 이혼) 등을 들 수 있다. 이는 우리 사회 구조적인 문제가 여과 없이 학생들 삶에 영향을 미친다는 것을 보여 준다.

우리 사회 구조적 문제로 빼놓을 수 없는 것이 경쟁의식과 군사문화다. 경쟁의식은 새삼 언급할 필요가 없고, 군사문화는 가부장제, 성차별 같은 반봉건적 요소와 결합되어 우리 일상을 지배한다.

분단 이후 우리 사회를 지배하는 절대가치는 '국가 안보'다. 국가 안보라는 절대가치는 우리를 위협하는 '적'을 상정하게 되고, 그 적을 정복해야 한다는 이원화된 사유 체계를 갖도록 한다.

이원화된 사유체계는 역사적으로 자연을 착취하고 여성과 사회적 약자를 배제하는 인식구조다. 군사문화는 전체주의 사고체계를 갖게 하고, 개인의 자율성을 제한한다.

전체주의 사고체계가 곧 파시즘이다. 개인 안위(安危)는 국가에 의해 결정되며, 국가 존망은 군사력에 의해 결정된다는 것이다. 그러한 사유가 생활화되어 나타나는 것이 군사문화다.

군사문화가 만연한 사회에서 남성은 보호자로 역할을 부여받는다. 남성은 군대에 감으로써 국가를 지키고, 결혼 후에는 가정을 지킨다는 의식을 갖게 된다. 국가가 곧 가정이며, 가정과 효도 같은 사적 영역의 가치관이 국가와 충성이라는 공적 영역 가치관으로 확대된 결과다.

가정 = 국가, 라는 성격이 강한 사회일수록 개인의 자유는 위축된다. 개인과 여성이 희생되어도 어쩔 수 없다는 논리가 쉽게 정당화 된다.

군사문화 사회에서 보호는 '통제' 의미를 갖는다. 군사문화 사회에서 남성은 보호자로 여성이나 아동을 통제할 수 있다는 의식을 갖게 되고, 이는 가정폭력, 남아선호, 성차별 같은 봉건의식을 강화한다.

우리 사회에서 가장 보수적인 곳이 가정이다.그 다음 보수적인 곳이 학교다. 군대 경찰 조직과 함께 학교도 상당히 보수적이다.

보수적이란 이른바 '꼰대' 입김이 세다는 뜻이다. 그런 가정과 학교에서, 다시 말해 개인의 자유와 자율성이 제한되는 곳에서 생활하는 학생들이 평화로울 리 없다.

경쟁 부추김, 성차별, 폭력적이고 반봉건적(장남, 제사, 그릇된 효 문화 등) 가정에서 자라나는 우리나라 청소년들은 갈 곳을 잃고 힘들어하고 있다.

청소년 자살률 OECD 국가(2016년 기준 35개국) 중 1위.

어린이 청소년 행복지수 OECD 국가 중 23위.

학업 중단 학생 증가(2014년 기준, 초 · 중 · 고 학업 중단 학생

● 「갈 곳 없는 청소년 1」, 조시원의 『살자토끼』 1권 62쪽

60,568명)

청소년 우울증, ADHD 증가.

청소년들이 위기에 처해 있고, 그런 청소년이 성장했을 경우 우리 사회 역시 위기에 놓일 수밖에 없다.

행복과 평화는 전염력이 강하다.

행복과 평화를 느끼며 자란 사람이 커서도 행복하고 평화로울수 있다.

행복하고 평화로운 사람과 같이 있을 때 그 따뜻한 파장이 옆 사람에게도 전달된다.

내가 학교에 근무하면서 늘 했던 또 하나 생각은 동북아 지역에서 청소년 평화 문제였다. 앞으로 한국(북한까지 포함), 중국, 일본을 중심으로 하는 '동북아청소년평화포럼' 같은 게 필요하겠다는 거였다.

사실 한·중·일은 같은 유교 문화권이면서 역사적 상처를 안고 있다. 한국은 6·25 전쟁을 겪었고, 중국은 난징 대학살, 일본 역시 오키나와 학살을 겪었다.

아시아 태평양 지역에서 APEC(아시아 태평양 경제협력체), ASEAN+3(동남아시아 국가 연합 + 한·중·일), EAC(동아시아 정상회의) 같은 여러 경제협력기구가 결성돼, 상호 경제성장과 지역 공동체 강화를 위해 협력하고 있지만, 실은 정치 군사적으로 매우 불안정하고 도발적이기까지 하다. 경제협력기구라는 것도 아시아 지역 국가들 간 자발적 요구라기보다는 미국이 동아시아에서 경제 이익을 관철하기 위해 결성한 측면이 강하다.

영토 문제, 역사왜곡, 사회의 보수우경화, 군국주의 강화, 핵 문제 등 언제라도 대립과 충돌이 예측되는 상황에서, 내가 평소 가졌던 문제의식은 한·중·일 세 나라의 자라나는 청소년들에게 평화에 대한 의식(싹)을 심어 주어야 하지 않나 하는 것이었다.

자라나는 청소년들이 평화에 대한 의식을 갖고 성장할 때, 어른들에 의해 저질러진 역사적 비극을 되풀이하지 않을 거란 생각에서였다.

이 일을 하기 위해 우선 한 · 중 · 일 아동청소년 문학 작가들이 '평화'를 주제로 좋은 글을 써서 각국 청소년들이 읽을 수 있게 하면서, 평화포럼 같은 기구를 각 국가마다 설치해, 공동으로 평화 교육을 해 나가는 것이 필요하겠다는 거였다. 그러지 않으면 우리 앞날에 희망을 갖기가 어렵다고 생각했다.

어떻게 하면 우리나라와 동북아지역 청소년들에게 평화에 대한 개념과 실천의식을 갖도록 할 수 있을까? 그 일을 위해 내가 할 수 있는 게 무엇일까?

오랫동안 마음에 두고 거듭 고민한 내용이었다.

2

중학교 2학년 남학생이 있었다. 나에게 국어를 배웠는데, 표정이 늘 어두웠다. 어둡다는 말로는 부족하다. 가슴 속 진흙덩이 같은 짜증이 무럭무럭 쌓였는데 밖으로 표출할 수 없는 데서 오는 불만과, 누군가에 대한 처절한 원망, 열등감과 낮은 자존감, 이 모든 것을 참고 견뎌야 한다는 생각 등이 뒤섞여, 이제 곧 터질 듯한 풍

선 같은, 얼굴 가득 눈물이 출렁거리는 그런 아이였다.

그 학생이 글을 썼다.

"난 작년부터 가족 간의 갈등으로 인해 힘들어하고 있지만 겉으로는 드러내지 않는다. 작년에는 알 수 없는 일로 인해(알고 보니 어떤 사람이 고의적으로 만든 일) 큰 충격을 먹었다. 처음에는 그냥 부부싸움이다 싶었지만 2번째는 그냥 말도 아니다. 아빠는 술 마시고 오더니 새벽 두 시 때 엄마 아빠는 밖에 나와서 싸우고 옆집에서도 말려 봐도 안되고 엄마는 우리가 자고 있던 방으로 들어가 방문을 잠그고 장롱으로 문을 막았고 아빠는 밖에 있는 자전거랑 연장을 가지고 문을 부수고 있는데 할 수 없이 경찰도 부르고 우리가 먼저 다른 데로 가서 있다가 다시 온 경험도 있다. 지금 생각해보면 오싹하다. 그리고 지금은 엄마 아빠가 사이가 또 슬슬 안 좋아지기 시작하고 난 지금 아빠 땜에 골치다. 솔직히 나같이 학교를 아침 일찍 가서 밤늦게까지 공부하고 온 사람한테는 주말 땐 좀 놀게 해줘야 정상인데 집에서 책을 안 읽는다고 동생 들먹이며 나한테 뭐라고 한다. 내가 컴퓨터를 하려 하면 막 욕하고 평일에는 피로와 스트레스 때문에 주말에 놀려고 하면 어떻게든 못 놀게 한다. 시험이 끝나면 몰라도 아마 더 힘들어질 것 같다. 그래도 작년에는 가족 간의 갈등이 너무 심해서 정신적 고통을 느꼈는데 올해도 그럴지 걱정된다. 만약 또 싸움이 일어나면 난 뭘 해야 하고 누구 편에 서야 할지도 모르겠고 갈등이다."

글쓰기를 해 보면 학생들은 가정폭력, 학교폭력, 성적으로 인한 중압감, 우울증, 내부가 깨진 데서 오는 여러 문제들로 괴로워하고 있음을 알 수 있다.

교사라면 이 아이들을 외면할 수 없다. 아이들 눈물이 짜기 때문이다.

글쓰기를 통해 교사와 학생 간 벽이 허물어진다. 벽은 엄밀히 말해 계급적 문화적인 벽이다. 학생들은 대부분 기층 민중인 노동자 농민의 자녀들이고, 교사는 노동자이면서 계층적으로 중산층에 속하기 때문에(우리나라 중산층도 거의 무너졌지만), 교사와 학생 간에는 그에 따른 벽이 있게 마련이다.

벽이 허물어져야 진정한 소통이 가능하다. 학생과 교사가 인격으로 만날 수 있다. 그럴 때 교류가 가능하고 서로를 통해 배우는 교학상장이 가능하다.

다음 글을 하나 더 읽어 보자.

나의 손은 좀 작다. 그리고 나의 손등은 거칠하다. 나는 엄마가 안 계시다. 그래서 아빠랑 살고 있다. 나는 첫째라서 힘든 일을 많이 한다. 특히 손으로 하는 일이 너무 많다. 설거지, 손빨래, 이런 걸 거의 매일 하다보면 손에 주부습진이라는 게 걸린다. 나도 오른쪽 엄지손가락에 한번 났었다. 막 찢어지고 피도 났다. 그래서 이젠 안되겠다 싶어서 아빠한테 자꾸 아프다고 얘기했다. 그랬더니 아빠가 그 뒤론 동생 진아한테 설거지를 시켰다. 그 대신 난 상을 치웠다. 참 편했다. 며칠이 지나니깐 거의다 나았다. 하지만 지문까지 벗겨져서 보기 안 좋았다. 그리고 이젠 내가 다시 또 설거지를 한다. 그런데 진아에게도 손등 뼈있는 데에 뭐가 났다. 그것도 주부습진 같았다. 그래서 쌀을 씻을 땐 둘이 번갈아 씻었는데 이젠 내가 다한다. 참 귀찮다. 진아도 아플 땐 나처럼 힘들고 귀찮았을 것 같다. 그리고 나는 내 손톱이 참 마음에 든다. 왜냐면 진아랑 인지는 손톱이 이상하다. 진아는 손톱이 아예 자라질 않는다. 하지만 난 아주 잘 자라고 아빠 손톱과 많이 닮았기 때문에 좋다. 그리고 내 손금은 너무 많다. 다른 사람들은 손금이 거의 3개로 나뉘어 있는데 나는 m자처럼 되어 있다. 내 동생들도 역시 그렇다. 내 친구 슬기는 내 손금을 보고 외계인 손이라고 했다. 그 정도로 내 손금이 이상하다.

이 글은 중학교 1학년 여학생이 썼다.

아이의 삶이 고스란히 묻어나는 글이다.

교사는 학생들에게 지식을 가르치지만, 학생들 삶을 통해 인생을 배우기도 한다. 가르치면서 배운다는 것이 이럴 때 가능하다. 학생들 처지를 이해하고, 그들 고통에 다가가고자 할 때, 교사는 지식인으로서 갖는 허위의식을 벗고 민중성을 갖게 된다.

나는 평소 유년기와 청소년기를 행복하고 평화롭게 보낸 사람이 나중에 어른이 되어서도 전인적 인격을 갖춘 사람으로 성장한다고 믿는다. 다 그런 것은 아니겠지만, 각박하고 모진 환경에서 자란 사람보다 여유 있고 평화로운 분위기에서 사랑을 듬뿍 받고 자란 사람이 자아의 강도가 강하고 자부심이 높으며 자신과 세계를 긍정적으로 본다. 스트레스에 강하며 주위 사람을 편하게 하고, 그가 숨 쉬는 주변 공기를 따스하게 한다.

성장 과정에서 사랑, 우정, 평화, 민주, 봉사, 배려, 희생 등과 같은, 비록 짧더라도 질적으로 높은 가치를 체험한다는 것은 이후 그 사람 인격 형성에 아주 중요한 역할을 하게 된다.

우리나라 청소년들은 많은 아이들이 이러한 분위기에서 자라지 못한다. 마음을 열고 진심을 담아 쓴 학생 글을 보면 그렇지 않음을 대번에 알 수 있다(그런 학생들 글을 더 보고 싶다면 필자가 엮은 학생글모음집 『눈물은 내 친구』(작은숲 간)를 읽어 보기 바란다.)

이 아이들을 위해 내가 할 수 있는 일이 무엇일까?

교사이자 글을 쓰는 사람으로 내가 할 수 있는 일이 뭐가 있을까?

어떻게 하면 청소년기에 평화로운 분위기에서 자라게 할 수 있을까?

이런 고민을 오랫동안 하다 어느 덧 학교를 퇴직할 때(2012. 8.30)가 되어 시작한 일이 '청소년평화모임'이었다.

3

청소년평화모임(이하 청평모)은 청소년을 대상으로 하는 모임이 아니다. 청평모는 청소년들이 평화롭기 위해서는 어른들이 먼저 평화로워져야 한다는 취지에서 하는 어른들(특히 가정의 부모와 학교 교사) 모임이다.

부모나 교사들이 경쟁심리에 사로잡혀 있는데, 그 가정의, 그 교실의 아이들이 평화로울 리 없다. 부모나 교사들이 분노를 다스리지 못하는데, 그와 함께 있는 아이들이 평화로울 리 없다. 어른인 내가 평화로워야 아이들이 평화로울 수 있고, 내 주위가 평화로울 수 있다.

청평모는 그런 평화의 그물망을 '나부터' 실현하고자 하는 모임이다.

＊

청평모를 결성하기로 하면서, 제일 먼저 고민한 것이 모임 성격이었다.

보통 어떤 모임, 조직을 만들 때 안내문을 돌리고, 전화하고, 사람을 찾아가 만나고, 그런 다음 날짜를 잡아 창립총회를 하고, 회칙을 통과시키고, 회장 부회장 같은 임원을 선출한다.

나는 청평모는 그래서는 안 된다고 생각했다. 일반적 방식을 관성적으로 되풀이해서는 안 된다고 생각했다. 1980~90년대 같았으면 나도 그렇게 했을 것이다. 지금은 2012년이다. 달라진 사회변화에 맞는 모임이 되어야 한다고 생각했다.

과거에 비해 오늘 날 우리 사회에 가장 달라진 변화는 무엇일까?

과거엔 모임이 거의 삼각형 구조였다. 맨 위에 회장 있고 부회장 있고 사무처가 있고, 그 밑에 각 부서가 있고 각 분과별 위원회와 지역 조직이 있었다. 회장 및 임원들이 모임을 이끌어나가는 구조였다. 다시 말해 스펙타클 구조였다. 위에서 아래를 내려다보고 이끌어가는 수직적 권위적 구조였다.

나는 이 같은 예전 모임 구조로는 곤란하다고 생각했다. 가장 중요한 회원의 자주성이 보장되지 않을 뿐더러, 시간이 지나면서 앞에서 일하는 소수 활동가들이 지쳐 나가떨어지는 것을 여러 번

보았기 때문이다.

고민 끝에 생각한 것이 '리좀(Rhizome)'이었다. 리좀은 들뢰르와 가타리의 공저인『천 개의 고원』에 나오는 말로, 줄기나 뿌리로 뻗어가는 줄기식물을 말한다.

인간의 관계 맺기 방식에는 리좀 형과 수목(樹木) 형이 있다. 리좀 형은 수평적으로, 수목 형은 수직적으로 관계를 맺어 간다. 앞서 말한 8~90년대 모임 구조가 대부분 수목 형이다.

리좀 형에 더 많은 '규정'이 들어갈 때 모임은 수목 형으로 변하고, 규정이 줄어들수록 리좀 형으로 변한다. 리좀 형이 관계 맺는 방식이 더 자유롭고, 수목 형은 그렇지 않다.

나는 우리 사회 시민의식이 그동안 수직적(권위적) 구조에서 수평적 구조로 바뀌었다고 보았다. 그동안 우리나라에서 있었던 8~90년대 민주화 투쟁, 사회주의권 변화, IMF 사태 등을 거치면서 우리 사회 대중의 개인의식이 확대되었다고 보았다. 청평모 모임도 그에 걸맞게 결성되어야 했다.

청평모에는 회칙이나, 임원, 집행부가 없다. 정해진 정기모임도 없다. 그야말로 철저히 리좀 형이다. 다만 최소한 일이 돌아가기 위해 누군가 실무를 맡아야 하는데, 그걸 내가 하기로 한 것이다.

'청소년이 평화롭기 위해서는 어른이 먼저 평화로워야 한다'는 모임 결성 취지에 공감하며, 각자 처한 상황에서 '작은 평화'를 실천하는 사람이라면, 아울러 월 회비 1만원을 납부하는 사람이라면 누구나 회원이 될 수 있다. 회비를 납부한 회원들에게는 일 년에 5회 발간하는 회보와 작은숲 출판사에서 발간하는 도서를 무료로 드린다.

모임이 마음에 안 들어 탈퇴하고 싶으면 회비 납부를 중지하면 된다.

회원 한 명 한 명이 청평모라는 줄기식물의 뿌리가 되는 것이다. 청평모라는 줄기가 뻗어나가는데 각처에 있는 회원 하나하나가 그 줄기에서 뻗어 나오는 뿌리라는 것이다.

충남 천안에 있는 회원은 그곳에서 평화의 뿌리를 내리고, 강원도나 제주, 전남 해남에 있는 회원은 또 그곳에서 자기 평화의 뿌리를 내리면 된다.

지역별로 원한다면 모임을 할 수도 있고, 안 해도 된다. 어떤 규정도 없다. 본인의 자발적 실천을 기대할 뿐이다.

＊

최대한 규정을 두지 않은 자유로운 모임.
어떤 틀에도 갇히지 않고 물처럼 부드럽게 흐르는 모임.

있는 듯 없는 듯, 있는 모임.

월 회비를 내는 이상 그 혜택이 회원들에게 곧바로 돌아가는 모임.

우리가 하려는 일을 우리 재원과 힘으로 하는 모임.

빚 안 지는 모임.

오래 일해도 실무자가 지쳐 나가떨어지지 않는 모임.

회원 스스로 청소년 평화를 위해 자기 형편에 맞게 생각하고 실천하는 모임.

이렇게 모임 성격이 결정되자 나머지는 쉽게 풀렸다.

나는 2012년 3월 〈청소년평화〉라는 회보 창간호를 발간하면서 활동을 시작했다.

나는 처음 모임을 시작할 때 최소 회원을 30명, 최대 회원을 백 명으로 잡았다. 최소 30명은 되어야 모임 꼴을 갖추겠다는 생각에서였고, 백 명이 넘으면 혼자 실무를 감당하기 어렵겠다는 생각에서였다.

이 글을 쓰고 있는 2017년 5월 현재 청평모 회비납부 회원은 110명이다.

*

청평모에서 하는 일은 다음과 같다.

회보 〈청소년평화〉를 년 5회 발간한다. 회원 글을 받아 싣고 있

는데, 원고료는 주지 못하고, 추석과 설 때 조그만 선물로 고료를
대신한다.

'징검다리 책 나눔 사업'은 지금까지 5회에 걸쳐 매년 거르지 않
고 한다. 매년 10월에 하는데, 이 일의 의미가 소중하다.

사람은 누군가의 배려에 힘은 얻는다. 따뜻한 눈길, 용기를 갖
게 하는 말 한 마디, 부드러운 손길, 칭찬과 격려는, 용기를 잃은
사람에게 마음에 상처를 입고 괴로워하는 사람에게, 자기가 처한
상황을 극복하여 자기 길을 가게 한다. 특히 청소년들이 그러하다.

청소년들은 절망도 쉽게 하지만, 그 절망을 이겨내려는 힘도 어
른 못지않게 내부에 갖고 있다. 어려움에 처했을 때 누군가의 도
움과 배려를 만나면 청소년들은 절망의 강을 쉽게 건널 수 있다.

그런 시간, 즉 퀄리티 타임(Quality Time)이 청소년들에게는
중요하다. 퀄리티 타임을 한 번 경험한 사람은 평생 그 같은 삶의
질적 체험을 다시 느끼기 위해 노력한다.

나는 그런 계기를 통해 자기 삶과 사회에 선(善)한 기운이 확산
되고, 우주의 표상이 맑아진다고 생각한다. 징검다리 책 나눔 사
업도 그런 의미에서 하는 일이다.

평소 우리가 생활하면서 눈 여겨 보았던, 어려움에 처해 있거나
친해지고 싶은 학생이나 주위 사람에게 책을 선물하여, 배려와 평

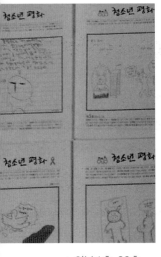

▲ 회보 1호~26호.　　　▲ 징검다리 책 나눔 사업에서 신청자들에게 보내줄 책.

화의 기운을 느끼게 하는 일이다.

회원은 누구나 간략한 사연을 적어 책을 신청할 수 있고[1], 책은 신청한 부수만큼 청평모에서 무료로 보내드린다.

책 선물을 통해, 그와 함께 곁들여지는 따뜻한 말 한 마디와 함께, 우리 서로가 인생의 험한 강을 건널 수 있는 징검다리가 되어 보자는 뜻에서 하는 일이다.

'태조산 청소년평화학교'를 연 2회, 여름과 겨울방학 때 열었다. 태조산은 내가 사는 집 뒤에 있는 산이고, 그곳에서 천안에 거주하는 중고생 10여 명이 참여했다. 자기소개에 이어 명상 시간도 갖고, 맨발로 걷기 등 자연 체험을 했다. 평화학교를 하면서 크게 바란 것은 없고, 산행 하면서 학교와 학원에 찌들린 학생들이 잠시라도 자연의 대기운을 느끼며 '평화 분위기'를 맛 볼 수 있는 그런 시간을 가졌으면 했다.

다음 글은 평화학교에 참가한 고2 남학생이 쓴 글이다.

평화란?

이0규

보통 평화라고 하면 사람들은 어떻게 생각을 할까?

사전에서 '평화'라는 단어를 검색하면 이렇게 나온다.

전쟁·분쟁 또는 일체의 갈등 없이 평온함 또는 그런 상태라고 기재되어 있다. 그리고 이 정의에 대해서는 현재 전쟁이나 내전을 치루고 있는 국가에서는 절실히 원하는 일 중에 하나일 것이다.

가장 대표적이면서도 현재도 진행되고 있는 사례로는 시리아를 중심으로 테러, 납치, 고문, 선전, 살인, 협박 등 중동 지역에서 활동을 벌이고 있는 이슬람국가(IS)라는 테러단체와 그에 맞서 싸우는 자유 시리아 군 등의 반군들과 정규군, 그리고 2014년을 기준으로 참전 여부를 밝혔고 2015년, IS가 미국인들을 납치 및 처형에 대해 본격적으로 소탕작전을 벌이고 있는 미군이다.

그렇다면 국제적인 사례를 제외하고 평소 우리가 살고 있는 사회에서 평화란 어떤 의미일까?

사람들의 입에서는 대립 없고 원활한 상태의 편안함 혹은 그런 마음을 의미할 것이다. 어쩌면 각기 다르게 생각할 수도 있다. 하지만 공통점은 분명 편안함, 안전함을 느끼는 마음이라는 것이다.

그렇지만 우리사회도 완전히 평화롭다고 얘기할 수는 없을 것 같다.

현재 한반도는 세계에서 유일한 분단국가이며 언제 전쟁이 발발할지 모르는 긴장감을 62년(1953년 휴전협정 이후)이나 유지하고 있다. 우리는 그러한 상황 속에 살고 있다.

하지만 그런 불안정한 사회 속에서 우리는 우리 나름대로 평화를 느끼고 있다.

그럼 내가 생각하고 있는 평화 혹은 느낀 건 뭐냐?

글쎄다…. 별로 생각한 적도 느낀 적도 없어서 문제이다. 중학교 1학년 때부터 있었던 가족 간 불화랑 가정폭력, 그로 인해 콤플렉스와 트라우마를 가지게 되었고 결과적으로 부모님들은 이혼 소송을 하고 있는 상태에다, 나는 17년이나 지냈던 정겨운 곳을 떠나 경기도 안산으로 이주했으니 말이다.

전학 준비하는 데만 두 달이라는 시간이 걸렸고 막상 전학을 하고나니 '전학생'이라고 냉대와 소외감을 받았고 우울증까지 겪었으니 말이다.

　그런 나에게도 일시적이었지만 오지 않을 것 같은 평화가 찾아왔다. 남들과 다르게 찾아왔는데 중학교 졸업 후 봄방학 때 참석했던 청소년 평화학교였다. 거기에 참석했는데 그렇게나 마음이 편한 적은 정말 오랜만이었다. 등산을 하면서 마음을 가다듬고 선생님들과 대화를 하며 변화된 점이나 학교생활 등에 대해 여러 모로 공유도 했고, 무엇보다 잊지 못할 추억을 쌓았다는 점에서 행복과 평화를 경험했다.

　그래서 난 평화를 이렇게 생각한다. 자신의 힘과 노력만이 아닌 타인이 내민 손길에 응함으로써 혼자 보지 못한 빛을 같이 보며 잊지 못할 경험을 쌓는 것을….

청소년평화학교는 충남 천안뿐만 아니라 전남 구례에서도 소설가 한상준 선생의 주도로 이루어지기도 했다.

＊

올해(2017)로 청소년평화모임이 활동한 지 만 5년이 되었다.

　앞으로 청평모는 어떻게 될까? 흔히 말하는 모임의 전망에 대한 것이다.

이와 관련 전문가로부터 자문을 구해 본 적이 있다.

그는 사단법인이나 재단법인 같은 법인으로 가는 경우, 계속 임의 단체로 남는 경우 각각 장단점이 있다고 했다.

나는 평소에 세상 모든 것들은 자기 나름의 한계를 가지고 있다고 생각한다. 사람도 동물도 식물도, 크든 작든 어떤 모임이나 조직도 그렇다고 생각한다. 시간이 지나 사라질 때가 되면 사라지는 게 당연하다고 생각한다.

앞으로 역량(행동력과 정치력)이 뛰어난 사람이 모임을 이끌 수 있다면 몇 가지 경우를 생각해 볼 수 있겠다. 법인 형태로 가거나, 정부의 한 부처(교육부나 국무총리실)에 '한국청소년평화위원회' 같은 기구로 편성되어, 청소년 평화교육과 평화를 위한 일을 체계적으로 할 수도 있겠다. 또 앞서 말한 대로 동북아 지역 한·중·일 세 나라가 '동북아 청소년 평화포럼' 같은 것을 만들어 각국 실정에 맞게 '청소년 평화'라는 공동의 목표를 위해 일할 수도 있겠다.

그러나 지금처럼 작고 소박한 차원에서 활동하다 어느 시기에 사라지는 것도 좋다고 생각한다.

모임을 시작하면서 가졌던 '청소년 평화를 위한 그물망'을 짜려던 그 뜻은 모임이 사라져도 우주의 기운 속에 녹아들어 사라지지 않을 것이기 때문이다.

NOTE

1) 2016년 징검다리 책 나눔 사업에서 책을 신청할 때 보내 준 사연을 보면 다음과 같다.

▶ 저는 충남 홍성에 있는 N중학교 국어교사입니다. 도서관을 담당하고 있는데 우리 학교에 다니고 있는 터키, 키르기스탄 등에서 온 다문화 가정 학생들과 소심하지만 책을 좋아하는 아이들에게 책을 선물해 주고 싶습니다.

▶ 저는 상주에서 교직에 종사했고 지금은 퇴직을 했습니다. 청소년 평화모임 회원이기도 합니다. 선물하고 싶은 사람은 지금 중 3 여학생입니다. 엄마와 외할머니와 함께 살아가는 여자 3대의 집안입니다. 엄마는 한때 교직에 있었으나 사업 실패로 교직을 그만두고 지금은 조그만 공장에서 일을 하며 세 식구가 살고 있는데 구김살 없이 씩씩하게 어려움을 헤쳐 나가고 있습니다. 그리고 천재적인 머리를 가지고 있어 학업 뿐 아니라 여러 가지 일에도 두각을 나타냅니다. 내년이면 고등학교에 진학하는데 자사고에 장학생으로 진학할 예정입니다. 이런 학생이 정신적 가치관도 올바르게 가질 수 있어야 자신의 능력이 보다 의미롭게 발현될 것이라 판단되어 책을 보내 주고 싶습니다. 평소에 책을 많이 읽은 학생이기도 합니다.

▶ 저는 B대학교 한국어문학과에 재직하고 있습니다. 학교 내 나섬인성교육센터에 글쓰기교실과 읽기교실이 있는데, 거기에 소속된 학부생 튜터들이 책을 읽고 토론하면서 공부를 하고 다른 대학생들의 글쓰

기 멘토와 독서토론 멘토로 활동합니다. 대학생 튜터들이 돌려가면서 함께 볼 수 있는 책들이 있으면 좋겠습니다. 몇 권이라도 보내 주시면 학부생 튜터들이 함께 읽을 수 있을 것 같아 도움을 요청합니다. 고맙습니다.

▶ S중에 재직한 지 이제 3년이 다 되어 가네요. 그 동안 아이들과 책 나눔 했던 좋은 경험들…. 이번에 책 나눔 할 학생은 굉장히 책을 좋아하는 친구들로 정해 보았습니다.

3학년에 김정식이란 학생이 있는데 모든 일에 호기심이 많고 다양한 책을 접해 박식합니다. 단지 문학 분야에는 흥미가 별로 없는 거 같아 문학작품을 읽는 즐거움을 전해 주고 싶네요. 또 다른 학생은 1학년 율리아, 2학년 빅토리아라는 학생인데 다문화 학생입니다. 한국어 공부를 잘하고 싶어 열심히 노력하는 친구에게 쉽고 재미있는 청소년 동화를 선물하고 싶네요. 비가 오늘날이네요. 좋은 날 되시고 항상 건강하시길 바래요.